北京第二外国语学院“三风”建设系列成果

翔宇群英 乘风而行

XIANGYU QUNYING CHENGFENG ERXING

唐恩思　编著

北京·旅游教育出版社

图书在版编目（CIP）数据

翔宇群英　乘风而行 / 唐恩思编著. -- 北京 ：旅游教育出版社，2022.3

ISBN 978-7-5637-4368-1

Ⅰ. ①翔… Ⅱ. ①唐… Ⅲ. ①北京第二外国语学院一教学研究 Ⅳ. ①G642.0

中国版本图书馆CIP数据核字(2022)第009293号

翔宇群英　乘风而行

唐恩思　编著

责任编辑	刘彦会
出版单位	旅游教育出版社
地　　址	北京市朝阳区定福庄南里 1 号
邮　　编	100024
发行电话	（010）65778403　65728372　65767462（传真）
本社网址	www.tepcb.com
E - mail	tepfx@163.com
排版单位	北京旅教文化传播有限公司
印刷单位	唐山玺诚印务有限公司
经销单位	新华书店
开　　本	787 毫米 × 1092 毫米　1/16
印　　张	13.5
字　　数	196 千字
版　　次	2022 年 3 月第 1 版
印　　次	2022 年 3 月第 1 次印刷
定　　价	69.00 元

（图书如有装订差错请与发行部联系）

编委会

序

习近平总书记强调，“一个人遇到好老师是人生的幸运，一个学校拥有好老师是学校的光荣，一个民族源源不断涌现出一批又一批好老师则是民族的希望。”

百年大计，教育为本。教育大计，教师为本。大学是知识传承和演进的地方，老师是知识的传承者、推进者和守望者，他们用奉献、敬业和博学赢得学生的尊敬、爱戴。1964年，北京第二外国语学院由周恩来总理亲自提议、亲自选址、亲定校名，当年建校、当年招生，于京华大地开启了“与国家同呼吸共命运”的奋斗篇章。半个多世纪以来，学校始终秉承翔宇精神，涌现出一大批默默耕耘、无私奉献，用爱心、知识、智慧点亮学生心灵的优秀教师，他们时刻铭记教书育人的使命，以人格魅力引导学生心灵，以学术造诣开启学生的智慧之门。他们培养了一批又一批优秀人才，为祖国的教育事业发展、为国家发展和民族振兴做出了突出贡献。

师者，示以美好，授以希望。在仰望中俯身，既要仰望星空，又脚踏实地。好老师心中要有国家和民族，要明确意识到肩负的国家使命和社会责任。五十八年来，学校秉承建校初心、以“翔宇”精神激励着一代又一代二外人不断前行。曾经，一大批“和易以思、人文化成”的名家名师都曾在这里传道授业，培育天下桃李，追梦时代潮头；如今，一代代“融中外、兼知行”的国际化高素质人才在世界舞台上纵横捭阖，怀奋发之志，擘画发展新篇。

立足当下，新时代的二外“后浪”教师们在传承老一辈的优良师风下，以饱满的教学热情、新颖的教学理念和多样的教学手法指导一届又一届的学生走向属于自己的人生道路。他们有“一片冰心在玉壶”的教学初心，更有“直挂云帆济沧海”的教育之志。他们托举起新时期中国教育的改革与发展，承载着新时期二外人的期望与担当。

教师承担着每个人成长道路上的领路人、向导员。“象牙塔”般的大学生活更少不了老师的正确指引。衷心希望，在二外这个小而美的校园中，始终能看到老师与学生在海棠花前的喃喃细语，在梧桐树下的朗朗书声。这大概也就是“亦师亦友”最好的状态了。

在学校新的奋进图景徐徐展开之时，祝愿我们的教师们传道、授业、解惑，持之以恒；教书、育人、育才，始终如一。坚守初心使命，勇于担当作为，继续培养担当民族复兴大任的时代新人，继续在服务国家战略和首都经济社会发展的生动实践中彰显“二外力量”！

是为序。

巩琳萌

于北京第二外国语学院

2022年2月5日

目录

第一辑

第二辑

第三辑

第一辑

1. 翻译大家王文炯的平凡人生

BISU **人物时光纪**：王文炯，北京第二外国语学院原英语系退休教授，曾担任翻译学硕士导师，享受国务院政府特殊津贴专家。1950 年北京外国语学校（现北京外国语大学）英文部毕业。1950 年参加中国人民志愿军赴朝，直至 1953 年开始任教。1964 年开始在北京第二外国语学院英语系任教，至 2000 年离休。1987 年评为英语教授。1980 年至 1983 年任联合国教科文译审，1981 年至 1988 年为香港“大公报”英文周刊特约撰稿人，1987 至 1988 年在美国贝勒大学任教。1991 年被评为北京市优秀教师，2005 年获中国翻译家协会资深翻译家荣誉证书。1991 年至 1996 年任北京市高校英语教师高级职评委成员。

他自小在外国人开办的教会学校接受英文的启蒙教育，他曾经以中国人民志愿军军人的身份参加朝鲜战争，他在北京第二外国语学院开始教书生涯并桃李满天下，他曾为香港大公报英文周刊特约撰稿人，他 80 年代在美国大学任教时积极传播中华文明和文化，他 2005 年获得了中国翻译家协会资深翻译家荣誉证书……他就是北京第二外国语学院教授、翻译大家王文炯先生。

四月一个阳光的午后，与翻译大家王文炯教授相约，再一次零距离地聆听王教授的传奇人生和对教学、人生的体悟。

我讲得多，听得多，英文就自然学得好

王文炯教授记得他儿时接触英文最深刻的一件事情源于他的邻居。因为邻居是一个电器工程师，他很喜欢小孩子，经常带王文炯去他家里玩。这个邻居家里有很多藏书，这些图书有图画有文字，很多是外国出版社出版的，对于每天要背诵四书五经的

王文炯而言，这简直是一个新鲜的事物。

“我对这些图画书产生了浓厚兴趣，非常想了解这些书的画是什么意思，书里讲了什么东西。”王文炯说。幸运的是，这个邻居是学英文专业的，家境殷实，没有生存压力，所以他每天教授王文炯和一些邻居小孩英文，王文炯得以有机会在年幼的时候接触英文。让王文炯意料不到的是，英文竟然成为他日后谋生并为之奋斗一生的专业。

不久，王文炯进了南京汇文女中附小读书，这是一所教会小学。对于王文炯而言，无疑又是一个新奇的体验。“每个礼拜六下午会有人来给我们讲圣经故事，我们这些孩子都是排着队去听。每次都是一个很慈祥的美国妇女给我们讲课，每次讲课她都会画几幅画。最吸引我们的是那些欧洲有名的宗教画。”

“刚开始我们是听不懂的，但是后来我英文学得最好最快，因为我讲得多，听得多，英文自然就学得好了。”

二外五十年代就强调“听说领先，读写跟上”

1950 年，朝鲜战争爆发。当时，正在北京外国语学校上学的二十岁的王文炯怀着满腔热血加入了中国人民志愿军。在志愿军中，他发挥专业优势，担任翻译工作。谈到这段经历，他说：“战争给人的印象是难以磨灭的，给人带来的锻炼更是无穷的。战争锻炼人的意志，锻炼人的适应力，锻炼人的判断能力，锻炼每一个人的警觉性。”

朝鲜战争结束，王文炯完成大学学业，就成为北京第二外国语学院一名大学英语教师。从 1964 年北京第二外国语学院建校开始，王教授就一直奋战在教学一线。谈到最早的英语教学模式，王文炯说，那时候我用的是新办法，强调“听说领先，读写跟上”，上课不发课本，让学生们听录音去。

王文炯说，我曾有两个学生，从泰州农村里面招来的，他们以前连外国人都没看到过，“They have never heard English spoken.”这一堂课上下来，连课本都没有，直接听录音。一开始很多学生跑来给我抱怨，他说，“老师，我听不懂。”我说听不懂你硬着头皮听吧，不到两个月他就听懂了。“我们上课全部用口语，等课上完了以后把课本发给他，他不要了，无所谓了，就存档了，他知道的比这个课本讲得还多，这种教学效果证明非常好。”

王老回忆说，北京第二外国语学院在语言教学中倡导的“听说领先，读写跟上”的教学模式在当时是非常具有浓厚实验色彩的，这种教学先锋式的尝试也引起北京大学的关注。王文炯说，北大特别派老师来听我们的课是怎么上的，许国璋问我，你们是怎么教学的，我说这个很简单，上课用录音机放录音带，课后听录音。我曾经给学生们听“*beauty and beast*”，就是美女和野兽，是个英国舞台剧的录音，学生听完基本上把台词全背下来了。

我们还曾经把高玉宝写的《半夜鸡叫》改编为英文剧本，让学生们排演，演完了录下音，再写下来。在这种营造出的语言环境下，学生反复练习，完成积累，才能做到厚积薄发。

“老师和学生之间要保持距离，才能教好学生”

当被问到理想中的师生关系时，王文炯坦言道，老师和学生要没有顾忌，但是老师和学生之间要保持距离，没有距离就教不好，这个距离表示学生对老师的敬畏，就是“awe and respect”，距离是非常重要的。曾经有个时期过分强调老师跟学生打成一片，不分彼此，这只适合在生活中，但是教和学这个关系，就要保持距离，当然这个距离不是冷冰冰的，招呼都不打，那也是不对的，学生要对老师有敬畏感，老师说的东西才有权威性，长辈说的话才听得进去。

如今很多教授语言的教师很崇尚 OPEN 的教学方式，对此王文炯有话说，OPEN 虽是 OPEN 的，但不等于拍肩膀之交，不是前后追逐的关系，一定要树立起权威感，老师要保持知识丰富的形象，要能帮助学生，要让学生在课堂上说话，要让学生犯错误，把错误体现出来。有些学生是很不好意思的，其实没什么，把学生视为病人，大家都有病，是来看病的。你必须要说出来，错了没关系，要大胆，无知者无畏，知道了下回就不会错了，如果把错误留到工作岗位上，人家不理你，人家笑你，这就丢脸了。我欢迎你到我这里犯错，有时候他们犯错误了，我说犯得好，我正要讲这个错误呢。

“其实做资深老师是一门特别深的学问，要不断地吸收知识，要不断地与时俱进，有时候教学是一种双向的互动。现在我们对学生的要求有一点放松了，你学的是一等的，得到的是二等的，学的是二等的，得到的是三等的，老师绝对不能够降低教学要求，专业上要过硬。”王文炯教授说。

I like teaching——这是一种精神支持

对于一直驰骋在讲台上的近八十高龄的王文炯教授来说，跟学生们在一起，内心总是充满着激情和欣慰。正如学习如春起之苗，不见其长，日有所长。每当看到学生们的进步，王文炯总是由衷地感到欣慰和骄傲。“我看到有人从开始摇摇摆摆地学英文，到毕业了能够说一口流利英文，感到很高兴。树是我种的，长大了能不高兴吗？而且它不是一天就能长大的，需要慢慢地浇水。I like teaching——这是一种精神支持。”

王文炯一直强调大学汉语课应该上四年，两年是绝对不够的，现在很多学生白字连篇，用词错误，用语错误，太多了。他天天晚上看到，天天晚上听到，错别字就不要提了。汉语现在跌落得非常厉害，因此我们必须要重视汉语，不重视汉语的，学外语是学不成的。“我不是说绝对，客观规律是这样的。”

“英语学好需要一辈子的，没有止境”

王文炯常跟选择英语专业的学生说，你们报考英语专业犯了个大错误。第一，你们不能申请专利，没有发明，不能成为发明家。第二，很多人瞧不起翻译，你也许永远不能成为一个优秀的翻译家。语言是一个无底洞，掉进去就别想爬起来，只能往前走。不想要专利也可以，必须要有思想准备。学英文是一辈子的事情，没有止境。当一个翻译家不容易，当一个优秀的翻译家更不容易。沟通，从语言开始。希望中国变强，将中国的优秀作品推出国门，走向世界。

王文炯始终认为，翻译的过程就是自我提高的过程。他 1986 年开始翻译《达赖喇嘛传》，3 个月就翻译完成了 25 万字的书稿。王文炯的译著《走下神坛的毛泽东》在当时是本广为人知的畅销书，书名的翻译曾经令他觉得很不满意，直至后来灵感突现，才有了 *Man not God* 的绝妙翻译。这本书王文炯仅用了一个多月就翻译出来了。对这本书的翻译工作的投入，用他的话说，“半夜想起来就爬起来写，免得第二天早上给忘了。”

王文炯教授每天坚持看《时代周刊》、*New Yorker* 等英文杂志，一个月花好几千在杂志上，相对于王文炯教授日复一日简朴的衣着和简单的生活而言，英文杂志上的消费的确是笔很大的开销了。“我习惯睡觉之前看杂志，从小不看就睡不着。在南京的时候，没有电灯，在煤油灯、豆油灯下还是要看书的。”

（作者：唐恩思）

2. 罗结珍与他的法国法翻译

BISU 人物时光纪：罗结珍，北京第二外国语学院原法语系退休教授。1965 年入北京第二外国语学院法语专业学习，毕业后留校任法语教师，担任支援几内亚医疗队翻译，继续在校任教，陆续担任学校教务处副处长、饭店管理系主任、教务处长、《北京第二外国语学院学报》副主编、主编兼科研处长。2005 年退休后专心从事法国法学著作的翻译工作，目前已出版 1500 万字的译著，曾获黑龙江省高校人文社会科学研究优秀成果奖二等奖、北京第二外国语学院优秀科研成果译著类一等奖、二等奖等。

“衷心祝愿我们的党更加强大，更加兴旺”

2021 年是中国共产党建党 100 周年，罗结珍教授目前已经完成了近百万字的法语教材，他说这是自己向党的百年华诞献上的一份祝福、一份礼物。衷心祝愿我们的党更加强大，更加兴旺。罗结珍教授说：“只有中国共产党才能领导中国人民从胜利走向胜利。只有中国共产党的领导，才能团结全中国人民，实现伟大的中国梦。”

“我们做学生的时候，大家都是非常要求进步的，把入党作为一种非常光荣的事情，同时也是大家共同的愿望。”1974 年，罗结珍在几内亚申请加入中国共产党。他说，“当时有一年的预备党员期。我回到国内后，接到使馆发来的通知，说我已经正式成为中国共产党员，当时感到非常非常的高兴。”

罗结珍说在他那个年代，身边很多同学大学时期就纷纷写了入党申请书，都希望自己能够在做学生时就加入共产党。当时他没有写入党申请是因为总觉得自己努力还不够，还需要更加努力。到了几内亚以后，他和同事们全身心投入到工作中。除了在医院里为几内亚人民治疗疾病以外，他还响应当时毛主席在国内的号召，在几内亚开展循回医疗，为此他几乎走遍了所在地区的乡村，给几内亚人民带去了健康方面的服务，为国家贡献了自己的微薄之力。“有一件事让我终生难忘，在几内亚的庆典上放的都是中国的歌曲。几内亚的许多小孩，他们都会唱中国的歌曲，像歌曲《我们走在大路上》，等等。那里的老百姓见到北京医疗队，都特别感激。从这个角度来讲，民间外交与国家的官方外交，得到了很好的补充。”罗结珍说。

“国家派我出国，我想按时回去”

罗结珍于1965年进入北京第二外国语学院法语专业学习，1972年底毕业留校任教，并被派遣到中国援助几内亚医疗队工作，1975年回国后正式开始教师生涯。他在学习与工作中取得的成绩以及展示的能力，受到法语系许多老教授的赞赏和鼓励。1984年，学校向旅游专业方向转轨，罗老师被选派赴法国学习，到巴黎高等经济商业学校（ESSEC）主修民商法与旅游法。为了扩充学业领域，他比较系统地选修法国法的其他课程，为此后从事法国法律的翻译工作打下了坚实的基础。由于其学习刻苦、作风扎实，法国一家著名律师事务所通过中国使馆教育处聘用他做兼职工作，在他归国前表示希望他能继续在那里工作，其所在学校的校长也找他谈话，问他能不能留下来继续学习，这些都被他礼貌地回绝了：“国家派我出国学习，我想按时回去。”罗老师回国后的20多年中，在法国驻中国大使馆的资助下，又先后五次应邀短期到法国安日大学法学院、巴黎第二大学等从事研究工作。每次到法国研修期间，罗老师始终保持认真努力，整天都在图书馆阅读、查资料，连安日法学院院长都不禁赞叹：“您太用功了，比我们的教授都用功！”

潜心翻译法国民法典　为中法交流尽一份力

1990年，我国人大法工委打算组织翻译出版外国经济法系列丛书。法国1966年公司法是一部很著名的现代公司法，值得我们学习、借鉴，有益于促进我国建立现代企业制度。在讨论法国法翻译选题时，法国驻华使馆有的工作人员对在场的人声称：“我认为，中国没有人能够翻译法国法典。”罗老师随即拿出了他翻译的《法国公司法典》初稿，很令法方惊讶，得到了法方肯定，他也从此开始了系统翻译法国法律著作的庞大工程。1994 年，法国全面修改了实施近 200 年的旧《刑法典》，我国也正在着手起草后来的（1997 年版）刑法，中法两国学者之间进行了对口交流，罗教授受委托及时地翻译出版了《法国新刑法典》一书，为中国新刑法的制定提供了有价值的参考。此后，罗老师先后在中国法制出版社、法律出版社、北京大学出版社、中国政法大学出版社 4 家出版社出版了《法国新民事诉讼法典》《法国民事诉讼法要义》《法国商法》《法国新民事诉讼法典》（条文加判例）等 32 部法学译著，为中法两国法学交流、促进中国法制建设做出了贡献。2004 年，世界上具有极大影响的《法国民法典》诞生 200 周年，罗老师比较成功地翻译出版了“条文加判例解释”版本的《法国民法典》（法律出版社）。该书上下两册，达 160 多万字，不仅有完整法律条文还有大量的司法解释。法学界有学者发表文章评价说：“法国民法典已经诞生 200 年，200 年来不断填充的判例使得这部法典涅槃再生。罗结珍的最近译本条文与判例相辅相成，正文与译注比翼齐飞，一改往夕翻译外国法典的呆板做法，令人耳目一新，此书必将成为我国立法、司法的重要参考。罗结珍老师的这部法国民法典太有用了。”

罗结珍教授的翻译工作可以称得上高产、高效，除翻译之外，他还在《法学杂志》等刊物上发表数篇论文。他的一些译著已经成为我国许多法学院和研究生的主要参考资料和必读书籍。2006 年中国台湾五南出版社向大陆法律出版社购买罗教授翻译的《为废除死刑而战》一书的版权并在台湾地区出版。这本书的作者是法国前司法部部长、宪法委员会主席罗贝尔·巴丹戴尔。书中讲述了法国废除死刑的艰难斗争过程，受到我国学者的重视，有许多文章对该书的内容、思想进行了评价。2008 年由该书翻译合作者送评，获得黑龙江省高校人文社会科学研究优秀成果二等奖。

众所周知，法国法典的条文与专著的语言逻辑非常严谨，甚至比较艰涩，涉及的问题非常广泛，翻译这类文献不仅对译者的专业知识要求较高，而且是一项极其费时费力的工作。关于外语法律著作的翻译难度，新中国资深翻译家、北京第二外国语学院教授管震湖先生曾评论道：“外语法律著述翻译为汉语有极大的难处：一是文字行文艰深曲折，二是表述严谨一丝不苟；而法文向以准确、丰富、严格著称，至于翻译法律著述之前必须先有较扎实的法律知识为基础自不待言。”尽管法律著作翻译任务艰难且繁重，但学外语出身的罗结珍毅然专注法律翻译长达 30 余载，用满腔的爱国热情和坚持不懈的惊人毅力完成了我国几代法学家的夙愿，为国家法律制度的完善和发展做出了很大贡献。

国内外人士对于罗结珍翻译法国法律取得的成就给予了很高评价。1997 年 5 月 16

日，法国前总统希拉克在中国国家行政学院的演讲中谈到中法两国法律领域的合作与交流时说："我们之间在法律关系领域的交流非常广泛，多样化和丰富多彩。这些关系今天已经开花结果，其证明是，法国的许多法学著作，例如1995年法国刑法典以及一系列比较法方面的论著已经译成中文。这些研究论著和出版物表明我们有着共同的愿望。"哈尔滨工业大学法学院院长、法国法学者赵海峰在其《欧洲法问题专论》一书中写道："罗教授多年来投入了大量时间和精力从事法国法的研究、翻译工作，他对法国法在中国的传播做出了多么巨大的贡献，这种贡献的重要性还可以从大量的学术论文对罗教授的译作的引用中得到确认。我们可以想象，如果没有罗教授的工作，国内学术界将会失去多少珍贵的法国参考资源。"北京第二外国语学院原副院长钱炜在建校40周年的文章中说："罗结珍独自一人辛勤笔耕，经过多年努力将法国的各种成文法律翻译成中文，这样系统介绍法国法律，实在是一桩了不起的事。他的不少译作成为各大学法学院的教材或主要参考书，对中国法制建设起了不可估量的作用。罗教授是二外的骄傲。"

品味翻译人生

谈及即将出版的最新译著，罗老师十分开心。虽然他在法国法学翻译方面已经取得了很大成就，但仍然坦言先期的译作也存在许多有待商榷之处，有机会考虑重译。虽然已经67岁，他仍然每天要在电脑前工作7个多小时。退休后五六年出版的书籍已超过退休前的总量。罗老师非常有毅力，干劲十足，连节假日都不休息，年复一年，日复一日，从不厌倦，专心于法国法的翻译事业。非淡泊无以明志，非宁静无以致远，乐在其中。他现正在孜孜不倦地翻译《法国商法典》，已完成了90多万字的译稿，即将截稿出书，并将继续按照拟定的计划翻译《法国债法》《法国担保法》等专著，享受和品味着他的法国法学翻译人生。

（作者：唐恩思）

3. 资深翻译家李建忠：艺术再创造的践行者

BISU人物时光纪：李建忠，北京第二外国语学院西班牙语教授，1969年毕业于北京第二外国语学院西阿系西班牙语专业，毕业后留校任教至今，曾担任西班牙语系主任。李建忠教授从事西班牙语翻译48年，主要著作、译作有《船长奥尔亚索》《简明拉丁美洲文化词典》《道德经》等。

翻译之美在于呈现译者的独特性

“我一直和学生说，把一篇西班牙原文翻译成汉语，找一百个人来，绝对不会有两篇字面上一样的译文。”李建忠教授十分肯定地说道。李建忠教授认为，翻译不像数理化或代码一样有公式和固定的答案，“每个人的认知、每个人的水平和每个人的价值判断都不太一样，这就是为什么我那么喜欢教翻译这个课程的原因。”

做好中外文化交流的“翻译”之桥

李建忠教授是中国古典名著《道德经》的译者之一。《道德经》是代表中华传统文化的佳作之一，将它翻译好，可以让世界更好地了解中国文化。在谈到翻译过程时，李建忠教授坦言：“相比于学术类文章，像这样涉及主观情感的内容翻译起来更为困难。”琢磨古人的思想情感，把握文言文中的意象，成为李建忠教授在翻译过程中的重要工作。

除了《道德经》，像《国史百闻》这类历史作品翻译起来也很有难度。李建忠教授说道：“这本书涉及了许多清朝的文言名称，这些词现在已经没有了，所以我也一直在思考如何用一些词语恰当地表达。我翻译这本书的时间比翻译《道德经》还久。”

李建忠教授分享了自己为2008年北京奥运会《中国风光画集》翻译的经历。“这本书中的每幅画都题了一些诗意的词句，要翻成六种语言。当时这位画家来问我愿不愿意承担画册标题的西语翻译，我觉得这挺有意义的，就欣然接受了。”李建忠教授说道。

“翻译，是艺术再创造的跨文化活动，它与电码译电报不同，翻译是具有艺术性的。”面对中西方文化差异，李建忠教授始终认为：“翻译绝不只是字译字。尤其是将中国故事翻译成外语这一过程，更要考虑词与词，句与句，段与段之间千丝万缕的联系。”

经过40余年的翻译工作，李建忠教授在不断的经验积累中，总结出一些自己的方法。“汉译外时一般要合零为整，而外译汉时大多要化整为零。当然这是就整体而言，也不是完全绝对的。”数十年来，李建忠教授用自己的经验与成就，为搭建中西方文化交流之桥，不断贡献着自己的力量。

翻译不止于传播文化，更在于育人

李建忠教授经常告诫后辈们说：“汉语同西方的表音语言不同，是表意语言。汉语的韵律、节奏，以及对仗的形态美是汉语的一大特色，是西方语言文化中所不具备的。这些美的元素是难以转换的，所以在翻译过程中往往被称作‘减色’翻译。”

长期的翻译工作让李建忠教授不断感知汉语之美，并且始终希望将中华文化之美传播到更远的地方。

李建忠教授年逾古稀，他的翻译热情自他选择从事翻译教学的那一天起，丝毫不曾减退。如今，李建忠教授依然进行着与翻译相关的工作。

在长期的翻译教学中，李建忠教授撰写了《汉译西翻译教程》，将一生中所学的专业知识与翻译实践融入其中，希望帮助到更多渴望用翻译来讲好中国故事的年轻一代。他坦言道：“能够传递知识，弘扬文化，才是一个译者真正的愿望与初心。”

（作者：张婧怡、林钰旋　　指导教师：唐恩思）

4. 张洪仪：用生命之光照亮翻译

BISU 人物时光纪：张洪仪，北京第二外国语学院中东学院教授，曾任阿拉伯语系主任、学术带头人。曾担任教育部外语教学指导委员会阿拉伯语分委员会委员，中国阿拉伯友好协会第一届、第二届理事，中国阿拉伯文学研究会副会长，中国阿拉伯语教学研究会副会长，翻译协会专家会员，第十二届、十三届北京市人大代表。主要研究成果：论文《阿拉伯古典诗歌赏析》《阿拉伯现代诗歌发展的历史轨迹》《中国埃及现代文学发展进程之比较》《阿卡德与阿拉伯现代诗歌的发展》《阿拉伯女性文学的崛起》《尼扎尔·卡巴尼及其情诗》《历史与现实——论法鲁克·朱威戴的诗剧创作》《著名埃及诗人法鲁克·朱威戴》等。她还参与了《习近平谈治国理政》《中国共产党十九大报告》等重要文件的翻译工作。

作为新中国培养的第一批优秀阿语人才，张洪仪教授凭借过硬的政治素质、高超的翻译素养，以及数十年来为党和国家承担重大翻译任务的丰富经验，成为《习近平谈治国理政》阿文版、《中国共产党十九大报告》阿文版、《中国共产党章程》（十九大新修订）阿文版的主要译者。

在中阿新闻交流中心 2019 年项目记者座谈会上，北二外校友、前中国驻黎巴嫩、伊朗大使刘振堂，北二外校友、中东学院特聘教授、《习近平谈治国理政》阿文版翻译团队主要成员张洪仪出席本次活动，并回答外国记者提问。会议由北二外副校长张严主持。

在这次会议上，张洪仪教授分享了《习近平谈治国理政》阿文版的翻译经历，引发记者们浓厚的兴趣。“中阿两种语言同为古老且复杂的语言，《习近平谈治国理政》中有许多中国古文名诗，翻译难度较大。”她表示，为达到“信、达、雅”的目标，翻译团队反复校对，查阅大量文库书籍，克服了诸多困难，最终让阿拉伯地区的读者能够原汁原味感受到中国的传统文化。

张洪仪在采访中说道：“参与这个翻译工作，除了感到荣幸之至，另外我们也想能通过这样的实践，把我们现在的社会政治对外翻译和现在的翻译教学有机地结合起来。通过这次翻译，我们也感到中国政治文体的对外翻译的严肃性。这包括之后我们做过的中国共产党十九大文件的翻译，如果没有准确翻译的话，会很容易引起外界的误解。我个人认为，这个对外翻译，讲好中国故事真的还要进一步深入地探讨。”

绿叶对根的情意

“2000年我从北外获得了阿拉伯文学博士，谢绝了北外陈乃芳校长通过阿拉伯语系主任国少华教授正式转达的求贤美意。此前，从1979年我第一次留学归国开始，不断得到北京大学、北京外国语大学和中国社会科学院外文所的前辈同人盛情邀请，在对他们表示深深的谢意之余，我还是把自己的根留在了二外这块土地。一个学外语的，如何不向往对自己个人的发展更好的地方？但是把我留住的是对母校深深的情结。”

从1975年留校至今，张洪仪把她半生的美好岁月留在了北京第二外国语学院，伴随着二外一起成长，见证了母校的发展和壮大。刚毕业留校那年张洪仪就因为外交事业的需要，赴伊拉克工作了一年多，1977年又赴叙利亚大马士革大学留学两年，研修阿拉伯文学。1983年7月至1985年8月，她再次被派到中国驻黎巴嫩、伊拉克大使馆工作两年。这些工作学习经历给她带来的不仅仅是异域文化的熏陶和工作的磨炼，更多的是对阿拉伯语这门语言的深入了解。谈及这段经历，她说：“那个年代出国进修的机会是很少的，学校给了我机会可以走出去到阿拉伯国家，深入到阿拉伯人的日常生活中，接触社会各个层面的人，所以对语言的了解比较深入。我幸运地通过教育部的选拔考试赴叙利亚留学，留学期间刚好赶上十一届三中全会召开。在改革开放的大环境下，大家都被国内的大好形势提升了信心，分外珍惜这次留学机会，如饥似渴地学习语言、伊斯兰文化、历史、语法修辞等学科专业领域知识。使馆工作的经历也让我熟悉了工作性质，了解了外交官基本纪律、规律和外事工作流程。我一直认为，对于学习语言的人来说，如果从事过外交工作对从事教学会更好一些。1979年留学回来，当时有些单位像北大、社科院向我伸出橄榄枝，有意让我去工作。二外是我的母校，几年来连续派出我赴国外学习进修，所以我觉得一定要为母校做些事情。直到现在，我也没有后悔这个选择，尽管没有成就太大的事业，但母校仍然给了我很多荣誉。”张洪仪饱含深情地说。

1988年、1989年，张洪仪连续两年被评为院级三育人模范，1993年被评为北京市优秀青年骨干教师。1995年2月，被任命为学校最大的教学单位——由俄、德、法、西、阿、朝六个外语专业组成的外语系副主任，同年10月任系主任。2001年被评为院级优秀共产党员。2003年，张洪仪教授兼任教务处处长。同年，她被推选为北京市人大代表。2008年，在北京高校教学名师评选中，张洪仪获得了第四届北京高等学校教学名师奖。

走出一条桃李芬芳之路

阿拉伯语教学应该从难点入手，针对这种语言与汉语的不同点一一加以解决。而在解决这些问题的过程中，语言技能的提高始终是核心的环节，而听说训练又是核心中的核心。

阿拉伯语是世界上最难学的语言之一。一难难在发音，阿拉伯语中至少有15个字母在汉语中没有能够准确对应的音；二难难在词法，阿拉伯语词汇变化以派生为主，虽有一定演化规律，但是习惯性用法很多，掌握起来要费一番苦功；三难难在语法，仅人称变化就有14个，这些规律性更难把握，全靠长时间的阅读和体验。阿拉伯语的构句方式、语序也与汉语完全不同。不仅如此，由于语言发展的历史较长，幅员辽阔，阿拉伯各国几乎都有自己独特的方言，或者对同一单词、表达，不同的国家和地区有不同的理解和解释。阿拉伯语书面语言严格秉承传统语法规范，运用于历史文献、官方文件、报纸杂志、大部分文学作品，而民间口头语言广泛运用于日常生活、电影、电视娱乐节目。口头语言与书面语言不同，而且规律难觅，两者的区别使得学习者茫然不知所从。阿拉伯语的这些难点使阿拉伯语人才的培养难上加难。

一直以来，张洪仪教授不仅承担着基础阿拉伯语、高级阿拉伯语、翻译理论与实践、阿拉伯文学、阿拉伯伊斯兰文化等课程的讲授任务，还兼任着繁杂忙碌的行政事务。长期的教学实践和对语言教学的执着的钻研精神以及管理经验，令她意识到培养学生能力的重要性。她认为，要理解学生，充分认识学生的能力潜质，这是学生学习的最大智力资源。每一个走进大学校园的学生，无疑都具有各种能力的潜质，就像一个聚宝盆，你要什么几乎就可以有什么，关键是要求不要求，要求什么，如何要求。如果你不要求，也许那只是一种潜质，永远不会得到开掘。

她一直坚信，早期听说训练可以利用学生对所学语言的好奇心和热情使表达从易到难，循序渐进，大大降低学生对外语口语表达的恐惧感；可以帮助学生尽快熟悉阿拉伯语发音，养成正确的发音习惯；可以帮助学生通过不断重复的方式巩固词法和语法的基本知识，迅速扩大词汇量；可以带动读写译等其他技能的提高。当学生基本入门以后，又应不失时机地扩大阅读量和获取文化背景信息量，同时通过课堂交流、课外实践、专题讨论、辩论、报告等形式将语言技能，特别是听说技能不断加以提升和拓展。抓住了技能训练，特别是听说训练，可以说就抓住了外语教学的关键。

2002 年，她的学生们表演的阿语短剧《日落》在全国高校阿拉伯语专业短剧小品会演大赛中荣获一等奖。曾经获得全国阿语演讲比赛第一名、现就职于国家商务部的韩冬杰到现在还感激张洪仪教授对他入学之初的引导和培训。张洪仪说："如果你只要求学生完成作业、背课文、记单词，那也许他就只会这些。如果你要求他演话剧、写文章，你会发现他的剧演得不错，文章写得也可以。如果你要求更多，如果你的要求更科学合理，对学生更有吸引力，相信学生会给你一个又一个奇迹。"

阿语教学门槛高，路也长。张洪仪教授认为，作为一个阿语教师，最重要的是要爱学生，善于沟通，及时为学生排忧解难。在教学中，她经常会碰到有些学生对阿语学习有畏难情绪，尤其在基础阶段学习时，很容易有挫败感，因此她很感谢阿语系拥有一支优秀团结的教学团队，在教学团队成员的共同努力和帮助下，鼓励学生树立不放弃、不抛弃的学习信心，让每个学生感受阿语魅力，成长为有用的阿语人才，让这条桃李芬芳之路更加悠长。

2019 年 11 月 9 日，新中国翻译事业 70 年论坛暨 2019 中国翻译协会年会在京召开。会上，中国翻译协会对 77 位长期活跃在我国外事、对外传播、社会科学、文学艺术、科技、民族语文、翻译理论与翻译教学、翻译服务等领域的资深翻译家予以表彰。张洪仪教授获此殊荣。"资深翻译家"这个称号的获得自然而然也离不开张洪仪身后这强大的支持和保护力量——北京第二外国语学院。

她说，在参与教学和翻译的过程中，"学校对我也是十分信任的"。学校常年以来与许多阿拉伯语国家学校建立了校级交流的关系，张洪仪参加了大大小小对外交流的活动，因此，在翻译上出现任何障碍，张洪仪可以第一时间通过网络方式与对方学校进行沟通。"学校举办的各种国际交流活动真是为我们翻译铺平了道路。"张洪仪在采访中有感而发地说道。

为中阿文化交流搭建友谊之桥

“我看到一个东西总是在想它用外文怎么说出来，让外国人第一时间就能懂。”因为中国的很多东西和阿拉伯世界的有很大差别，中国文化的一些内容在阿拉伯文化中不存在，所以想要外国人一读就懂，张洪仪认为除了准确的语言，还需要讲故事的方式，这样能让外国人更好地了解中国的文化。“如果我们不努力，可能还需要很多年才能见到外文的版本。”《金瓶梅》有着“晚明社会的百科全书”的称号，包含了中国的各种杂学，张洪仪翻译出《金瓶梅》的第一个译本，“不能说是最好的，但基本上翻译出了这部书的总体精神。”中国文化博大精深，中国文学灿烂辉煌，无论是宋词元曲还是古典小说，“能让更多的人从更深的层面了解中国人和中国的历史文化，这是一个负责任的国际交流态度，一个负责任的文化交流立场。”翻译不仅仅是文字的碰撞，更是“两个大的文化，两个大的民族”的交流与共通，是国家对外传播，对内引进，更新换代，取精华去糟粕的重要桥梁。

“开卷有益。青年一代除了要广泛地接触大学的名师，广泛地接受网络上的信息之外，还需要会读书。”张洪仪回想起今年担任布克小说奖的评审，在半年里阅读了135本外国小说的经历。阅读与语言研究的重要性彰明较著。从书籍中得到的，不仅是动人心弦的故事，更是翻译大家对于用词的精雕细琢，文笔的行云流水；不再是字词的机械解释，而是对文章的见解，文化的传播。

“从事翻译实践也是很重要的。”读万卷书，行万里路。翻译世界中的“万里路”来自多次翻译实践的积累和铺垫。张洪仪认为在积累中，我们可以收获对翻译更多积累经验、更加扩散灵感、更加想为翻译事业做出贡献，更加质朴的心态。

“我们的新一代的本科生、硕士研究生和博士研究生，我们的青年教师，译者都应该用自己的毕生精力，共同提高二外的翻译教学水平，去完成这个伟大的事业！”

（作者：唐恩思、王浩臣、杨浥瑄）

5. 张文：潜心翻译 40 余载，做中外文化的使者

BISU 人物时光纪：张文，北京第二外国语学院高级翻译学院教授，硕士研究生导师。1978 年毕业于北京第二外国语学院英语专业。1985—1986 年留学于美国夏威夷大学，2002—2003 年做北京大学社会学系高级访问学者。1994 年被评为“北京市青年骨干教师”，2003 年当选为北京市朝阳区第十三届人大代表。现任国际旅游教育理事会（I-CHRIE）亚太分会主席，首都女教授协会理事，中国翻译协会会员，*China Tourism Research*、*Tourism Management* 等国际学术刊物的编委或审稿专家。

2019 年 11 月 9 日，新中国翻译事业 70 年论坛暨 2019 中国翻译协会年会在京召开。会上，中国翻译协会对 77 位长期活跃在我国外事、对外传播、社会科学、文学艺术、科技、民族语文、翻译理论与翻译教学、翻译服务等领域的资深翻译家予以表彰。我校张洪仪、张文、李建忠 3 位老教授获此殊荣。至此，我校共有 23 人被评为“资深翻译家”。

“资深翻译家”是中国翻译协会于 2001 年设立的荣誉称号，表彰从事翻译工作 30 年以上，在翻译工作中成绩卓著的老翻译家。该荣誉称号是中国翻译界对多年来为我国翻译事业做出卓越贡献的翻译家的充分肯定。

张文教授从事高校教学及中英文翻译 40 余年，主要译著有《美洲精神》《威兰德》《百万富翁》《景区开发与管理》《饭店业人力资源管理》等。

翻译是学无止境的过程

要想当一名出色的翻译，张文教授坦言：“需要通过不断地实践和老师与前辈们的指点，一步步积累经验。”作为英语专业毕业生虽然有一定的语言优势，但是要想成

功地完成一次翻译，更需要的是各个领域专业知识和亲身翻译实践经验的积累。张文教授表示，课余生活中大量的阅读促进了自己的进步。除此以外，每次有机构或者出版社提供机会的时候，他都会尽力尝试，并且把与之相关的翻译作品都仔细研究一遍，一来二去中，就慢慢积累起来了翻译经验。张文教授认为翻译是一个学无止境的过程，每一项翻译都是对译者基本功以及学识的挑战。张文教授说："翻译要乐在其中，我们要去发现问题并解决问题。虽然这个过程是艰难的，但是在我们成就作品的同时，我们也成就了自己。"如今40余载过去，张文教授一直在为中外文化之间的交流做着自己的贡献。

在教书与学习中不断完善的过程

张文教授的译著主要集中在文学和旅游管理两个方面，《威兰德》是张文教授的得意之作。北京第二外国语学院积极开展旅游相关教育教学交流项目。张文教授作为访问学者到美国夏威夷大学进行旅游管理专业的学习，在海外的学习经历让张文教授开启了旅游管理类著作的翻译。

让张文教授印象最深刻的是一次有关心理学的翻译工作。因为资历尚浅，心理学的研究内容偏前沿与高深，所以这次的任务困难重重。"我们几个年轻人反复地讨论、阅读。翻译内容我们修改了十多遍，最后才达到了一个令人满意的结果。"张文教授说，虽然这次的翻译最终没有发表，但这次实践经历有效地锻炼了翻译能力，也磨炼了译者的心性——唯有在不断学习中积累与付出才能拥有回报。

致仍在翻译道路上探索的新星们

对于那些有着"翻译梦"的学生，张文教授有几点建议："学生在校期间要培养翻译能力，要认清翻译本质，掌握翻译策略。"张文教授认为，翻译的目的是把中国文化和中国现实社会的状况传递出去。"我们的翻译作品一定要反映出原作的特色，这样才能让中国作品走出去。"张文教授希望学生在翻译时要有"匠人精神"，有精益求精的态度和严谨的作风。"译者要有社会责任感，要追求高、精、尖，从小做大，从优秀做到卓越，从一般做到一流。"

"做翻译就必须研讨、考究翻译内容，了解其时代背景和文化背景，仔细揣摩，精益求精，这些都是必要的、反复研习的锻炼过程。一个译者必须努力夯实自己的基本功，不断实践。总之，无论做事还是做人，一定要脚踏实地，不断学习，不断努力。这或许是译者的道路，别无他途。”

（作者：张靖怡、林钰旋　指导教师：唐思思）

6. 张惠芹：奋斗是一种幸福

BISU 人物时光纪：张惠芹，北京第二外国语学院欧洲学院教授，硕士生导师，圣彼得堡大学特聘教授，毕业于北京外国语大学俄语系。国家首批一流专业、北京市特色专业带头人，获“北京市优秀骨干教师”“北京市创新人才”“优秀共产党员”等多项荣誉。2018 年被评为二外年度十大人物，2020 年荣获“北京市先进工作者”荣誉称号。

“奋斗本身就是一种幸福。”这是北京第二外国语学院欧洲学院教授张惠芹经常挂在嘴边的话。作为一名教师，奋斗的岗位是三尺讲台，她从教 30 余载，始终坚守教学一线，秉承价值塑造、知识传授和能力培养三位一体的教学理念，坚持为党育人、为国育才。

“教师要始终保持传道解惑的初心”

多年来，张惠芹坚持以严谨的工作态度上好每一堂课。虽然她已经工作多年，但是每一次走上讲台之前，她都会认认真真备课。经常有人对她说：“你都教这么多年书了，不用专门准备了吧？”但是张惠芹教授认为，时代在变化，社会在发展，面对的学生也在变化。面对新的学生和新的情况，都需要事先做好充分准备，只有这样，才能做到在课堂上不浪费学生哪怕一分钟的时间。

对于张惠芹来说，2018 年是个值得纪念的一年。从 16 岁开始接触俄语算起，她已在俄语的陪伴下走过四十年光阴。1978 年，她以优异的成绩作为首批也是唯一的一批“特招生”被海军院校提前批次录取，从此开启了她的俄语学习。毕业那年，她留校任职，之后她又在北京外国语大学获得硕士和博士学位。2018 年也是她走入二外的第三十个年头。

在北京第二外国语学院任教三十余年，她已由初入校园的年轻教师变成了资历深厚的俄语教授。始终未变的，却是她爱岗敬业、育人为本、传道解惑的初心。在多年的教学过程中，张惠芹始终抱着极大的爱岗敬业的热忱，曾经有一个年轻教师问她："老师，您教书三十年了，怎么能够一直保持这份热情呢？"她说："首先要爱这份职业，从心里感受到教师职业的伟大；其次要有责任感，当一届一届的学生从你面前走过的时候，你要对他们负起责任；最后你才能从教学中、从学生的成长中感受到幸福，而幸福会让你保持持久的热情。"

在教授知识的同时，她也与同学建立了良好的师生关系。交流，是她认为教学过程中必不可少的一个环节。回忆起到二外教的第一届学生，有的同学在中学已经学过俄语，上课难免不够专心，觉得有些知识已经掌握了没必要学。对此，张老师耐心交流，循循善诱，和学生成了很好的朋友，她还和这批学生一起为俄语专业建立了"88级校友奖学金"。而同时，学生也给她上了难忘的一课。记得那时组织学生唱一首关于妈妈的歌，有个同学一直低着头，她还批评了这位学生。后来经过了解才知道，那个同学是在思念他逝去的母亲。这件事情让她明白了与学生交流的重要性。在后来的执教过程中，张惠芹无论在工作上还是在生活上，始终与学生保持着良好的交流，及时了解学生身上的问题所在，以过来人的身份，耐心疏导，提供帮助和建议。三十年来，她时刻铭记育人为本的初心，既是老师，也是家长。治其学，育其心。

在和学生交往的过程中，张惠芹和他们结下了深厚的友情。她和曾经教过的88级学生一起，为俄语系建立的"88级校友奖学金"，帮助了多位在国际交流中有需求的学生。

在外语教学中，一年级的教学任务尤为重要，是学生打基础的重要阶段，她主动承担了一年级本科生的教学任务。为了让学生学好俄语，她带领青年教师，每天早晨7：30准时到教室，带学生早读，还用晚上或周末节假日等时间给学生辅导。2020年的春节和寒假，她一直坚持带领学生复习功课，尤其出现疫情后，她除了帮助学生安排学习任务外，还关心学生的生活和心理状况，帮助他们顺利度过这个特殊的假期。

"学习外语不只是学习语言，而是要用外语讲好中国故事"

在教学方面，除了创新教学方法，她还根据学校的特色，将外语和旅游有机结合，编写教材，开设课程，试图通过旅游这一媒介，培养学生用俄语传播中国文化的能力。谈及此，张惠芹说："学习外语的目的不只是学习语言，而是要用外语讲好中国故事。"旅游是向外国人传播中国文化的最好途径，她和同事们一起编写的《北京俄语导游》《俄语导游教程》《俄语导游口译教程》《俄罗斯人看中国文化》等图书，为外语和专业的复合人才培养创造了条件。她开设的"旅游俄语""中国文化（俄语）"等课程深受学生欢迎，也被学生称为最实用的课程。她制作的课件"中国园林（俄语）"曾获得"第十三届全国多媒体课件大赛"奖。在教学过程中，她将课堂教学与实践教学相结合，带领学生到现场进行教学实习，请专业人员进行指导，让课堂上和书本上的知识在实践中得到检验。

为了跟上学校改革的步伐，在制定2016版的培养方案时，她为一年级新生开设了"专题讲座"课程。在学校教务部门支持下，她邀请国内相关领域的知名学者和专家，请他们结合学生的特点，为学生做报告，开阔学生视野，培养他们的学术研究能力，为跨专业复合型人才培养打下基础。

张惠芹认为，教师要有责任感，对教学要有敬畏感。每年的开学初期，家长把一个个稚嫩青涩的孩子交给教师，教师就要把每一个学生都当成自己的孩子。四年的时间里，教师和他们朝夕相处。她认为："我们要好好陪伴他们成长，把他们培养成能够在不同的岗位上肩负起各种责任的有用人才。这也是我们对学校的责任，对教育事业的责任。"张惠芹教授是这样说的，也是这样做的。

"卅载光阴弹指过，未应磨染是初心"。张惠芹就是这样，用三十年的陪伴书写着她对俄语教学的热爱，又将这份爱薪火相传，用师者的责任与学者的热忱培育着一批又一批的莘莘学子，用心陪伴着他们的成长，治学育人……

做中外交流的使者

在国际交流方面，张惠芹始终以传播文化为己任，不遗余力地努力着。除了在课堂上培养学生传播中国文化的能力以外，她自己也是中国文化传播的亲历者，她曾受邀为2016年俄语国家网络空间安全管理与保障研修班以及中国石油公司海外员工用俄语讲述中国制度和中国文化，俄罗斯圣彼得堡大学也聘请张惠芹作为该校客座教授，为俄罗斯学生讲述中国文化。

在与白俄罗斯合作方面，她积极协助白俄罗斯新闻部主办的《崇高的标志：中国诗人》外译项目。该项目旨在将中国古代和现代诗词作品译成白俄罗斯语出版，向白俄罗斯读者介绍中国文化和历史。作为该项目的国际编委会的成员之一，她为白俄罗斯翻译家推介中国的优秀诗人；她用俄语撰写的关于中国诗人苏轼的文章发表在白俄罗斯著名的《星辰》报上。与此同时，她还翻译了白俄罗斯的文学作品。为感谢她在中白文化交流中的积极贡献，白俄罗斯新闻部长卡尔柳克维奇先生曾专门通过白俄罗斯驻华使馆转交了给她的感谢信："感谢您在国际合作中做出的贡献……"

为了给学生创造更多的出国学习的机会，张惠芹积极寻找合作院校，提高合作层次。她担任系主任期间，在与喀山大学、莫斯科国际关系学院交流的基础上，又实现了与莫斯科语言大学、圣彼得堡大学、莫斯科大学的交流合作，而且交流层次不断提升。最初的交流形式只是局限在学生出国进修的形式，通过学校的支持和张惠芹的努力，现在的俄语专业已经与俄罗斯喀山联邦大学和圣彼得堡国立大学实现了研究生双学位培养模式。北京第二外国语学院与圣彼得堡大学新闻系共同创建了一种新的模式，即选取中俄两校部分学生组成一个班，教师专门为这个培养项目编写了59门课程的培养方案。"这一合作可谓一举两得，既培养了我们的学生'外语+新闻'专业的复合人才，也培养了一批学习汉语、能讲中国故事的外国人。"她说道。这个项目的落实，得到了党委书记顾晓园的大力支持，国际交流合作处以及研究生管理部门也给予了直接帮助。与此同时，张惠芹认真不懈的努力，对待工作的严谨态度，做事踏实有效的风范，得到了圣彼得堡大学新闻学院院长普优先生由衷地称赞："张惠芹是最可靠的合作者，二外是最可靠的合作伙伴。"

她不仅为学生交流合作创造了很好的条件，也实现了与国外院校教师之间的科研合作。她与俄罗斯莫斯科大学的教授合作发表学术论文，与莫斯科语言大学专家合作编写教材；还受聘担任圣彼得堡大学的《21世纪传媒语言学》和爱沙尼亚《结构与功能：俄罗斯学研究》杂志的国外编委。

张惠芹教授作为学校俄语学科带头人，积极推动中国高校与"一带一路"沿线国家名校的合作，推动各类合作八十余项，为学校开展国际交流创造了良好的条件。她带领师生与"一带一路"沿线国家高校开展学术合作，如与俄罗斯莫斯科大学和白俄罗斯国立师范大学的教师联合发表学术论文；与俄罗斯圣彼得堡大学联合编制具有开拓意义的研究生培养方案，撰写课程大纲；与俄罗斯莫斯科语言大学和喀山联邦大学的教授合作编写教材，与白俄罗斯明斯克语言大学共同开展在线课程建设等。这些具有开拓创新性的工作得到了国外合作伙伴的认可。

此外，张惠芹教授还帮助国内其他院校开展国际交流与合作。因推动民间合作贡献突出，张惠芹教授获得了俄罗斯国际人文合作署颁发的荣誉证书。

“使学生们真正成长为中国文化的传播者”

近年来，张惠芹在外语专业课上践行课程思政的理念，突破单一的外语知识传授的局限，通过教学内容、教学方式的变化，在知识传授中引领学生的价值观。在中外文化交流方面，张惠芹有丰富的经验，她自己曾经多次为“一带一路”沿线国家不同领域人士和高校学生讲述中国文化，用自己所学的外语知识精准、有效地讲述中国故事，传播中国文化。

为了培养具有家国情怀、中外文化交流素质的接班人，张惠芹结合自己在中外文化交流中的经验，在课程设置方面，增加中国文化的课程；在教学内容上，增加用外语讲中国文化的内容，让学生深入了解中国文化。她还通过教学实践实习，带领学生去参观体验，了解中国文化的博大精深，使他们真正成长为中国文化的传播者和中外文化交流的使者，为外交部、中联部等外交外事部门培育大批栋梁之材。

2020年疫情期间，张惠芹在白俄罗斯和哈萨克斯坦等国家多个主流媒体发表文章，用“北京抗击疫情：彰显政府治理能力”讲述北京抗击疫情的故事，通过“故宫600年”讲述中国人信守和谐的理念，她还讲述了中医在抗击疫情中的作用。获评“北京市先进工作者”后，张惠芹说：“荣誉属于学校和我的同事们、学生们，是学校为我提供了教书育人的良好环境，学校的发展给我创造了为国家、为北京市服务的机会；感谢我的同事们和学生们，是他们的支持和帮助成就了我，这份荣誉中有他们每一个人的贡献；感谢这个时代，让我能够安心从事我热爱的教师工作。今后只能做得更好，才无愧于这份荣誉！”

（作者：陶泓熠、唐恩思）

7. 马骏：驽马先行，我仍在路上

BISU 人物时光纪：马骏，北京第二外国语学院日语学院教授，《日语学习与研究》编委、副主编，中日比较文学研究会理事。主持、完成、在研国家哲学社会科学基金一般项目 5 项。《日本古代文学“和习”问题研究》入选 2011 年《国家哲学社会科学成果文库》，系列论文《书证：<日本书纪>祥瑞灾异记载的比较文学研究》获第六届“孙平化日本学学术奖励基金”论文类二等奖。另著有《万叶集“和习”问题研究》，合编普通高等教育“十一五”规划教材《商务基础日语》等图书 11 部，发表论文 70 余篇。

2020 年 12 月，北京第二外国语学院日语学院马骏教授的著作《汉文佛经文体影响下的日本上古文学》（全三卷）获北京市第十六届哲学社会科学优秀成果奖二等奖。对于这次获奖，马骏称之为“学术研究之路的第二循环期”。“我刚好每一个十年实现了一个目标，下面会进入我的第三个循环期。”马骏说。

马骏教授是日本北海道大学文学博士，凭着对学术的潜心钻研和满腔热忱，在日本古代文学、中日古代文学比较研究领域深耕多年，取得丰硕成果。他最新著作《汉文佛经文体影响下的日本上古文学》是新外语与哲学社会科学的广阔研究领域进行跨学科交流、跨学科融合之作，被誉为“让外语有思想、有灵魂、能生长的科研典范之作。”马骏的获奖表明，在新时代、新文科建设背景下，外语学人在学术研究和理论创新领域“学有所为、能有可为、大有作为”。

日研中心　开启学研艰深之路

自幼在武汉长大的马骏小学毕业后，进入武汉外国语学校读书。在这里，他第一次接触了日语。随着 1972 年中日两国邦交正常化，一衣带水的中日两国关系迎来了崭新的一页。与日语的结缘虽始于中学，高考选报武汉大学日语专业再次将他与日语的缘分着实推进了一把。

马骏回忆说，当时在改革开放的浪潮下，武汉大学很早开始了学分制、作家班等新文科理念的积极尝试。“大学的学术环境潜移默化地影响了我对学术的感知。”马骏说，从语言上来讲，由于学习日语时间很长，除了教学之外，工作、学术研究和发表文章都会使用日语，他从来没有把日语看作是外语的感觉。他意识到，自己在日语上下了功夫，做学问积累的时间也很长，语言运用和研究自然就会有“手到擒来”之感。

2020 年，北京外国语大学日本学研究中心（以下简称“日研中心”）迎来了成立 35 周年纪念日。马骏一直满怀期待能够参加纪念日活动。因为疫情原因，纪念日活动取消，马骏特地写了一篇“感恩日研中心”的小文以示纪念。他说在这个“洋溢着浓郁的传道授业气氛”的日研中心里，他获益终身。更为幸运的是，他在这里遇到了对他此后学研之路影响深远的恩师伊藤博。

当时的日研中心享有一级大师的豪华阵容，是日本国语、国文学、思想、历史和社会等专业的领头羊。仅以语言文学班的任课教授为例，有语法学家北原保雄，训诂大家小林芳规，日本都市空间文学研究者前田爱，现代诗人中原中也研究第一人吉田凞生，万叶学界泰斗伊藤博，等等。其中伊藤博是日本万叶集研究第一人，被马骏亲切称为“大师傅”。

马骏曾在论文中反对过这位大师傅的观点，大师傅却毫不介怀。他在大师傅的教导下撰写硕士论文，论文指导通常是马骏提出自己的看法，大师傅批阅后，返回的论文已经漫山红遍。他总是心存不服，寻机反扑，大师傅便会面带微笑地给予他肯定。然而他尚未得意起来，大师傅话锋一转：新潮本《万叶集》某卷某首脚注的说法貌似与你的看法相近。后来一查，果不其然。而负责那一卷注释工作的正是大师傅自己。从三月到七月，在“密集高压”的状态下，马骏终于完成毕业论文，后被评为“中心”优秀论文结集出版。

大师傅曾在澤瀉久孝、森本治吉《作者类别・年代顺　万叶集》（勉诚社，1985 年）一书的扉页上，抄录下卷八第 1664 首歌，赫然写下“马骏训”三个字，然后表情不无严肃地说：“瞧，你以后在日本学界就有名了。”最后，大师傅“人物品评”道：“馬君は芯が強い。”（小马意志坚强。）正是大师傅的这句话，30 多年来一直鞭策着他在学研之路上艰难前行。“直至今天，这句话始终是激励我斗志的最好的格言，在我懈怠放松或迷失自我时，都会在耳畔自然响起。”马骏说。

留学日本 用心浇筑学术梦想

1994年4月，在“出国深造”的声浪不绝于耳的大背景下，马骏意识到要想提升个人的专业水平，必须出国读博。于是，他以论文考核的形式，得到东京大学铃木日出男教授的首肯，获得了去东京大学进修的机会。然而，他在东京求学面临着生活学习无法兼顾的难题。一是由于他自费留学，必须外出打工以赚取经费；二是打工将占去很多精力，使他无法心无旁骛地进行专业学习。

在举步维艰满目彷徨之际，他敲开了京郊日野大师傅的家门。此时已经从筑波大学荣退的大师傅得知他想尽早进入收费较低的国立大学进行博士课程学习后，将他介绍给了在北海道大学的第一高足，时任国语国文学研究科的身崎寿教授。通过论文和面试，加上东大铃木日出男和多田一臣两位老教授的推荐，1995年4月，他顺利进入北海道大学学习博士课程：“于是，我的生活及身心状态逐渐趋于稳定，开始在身崎寿教授门下系统地学习《万叶集》……置身札幌，才真切地感到这座城市于我的天时、地利、人和。”

对于北海道留学生涯，马骏连用四个“很”字形容：“很认真，很刻苦，很勤奋，很清苦。除了打工，节假日几乎不出去，所有的时间都用来读书学习。”三年时间，住处→图书馆→打工处，单调的三点一线成为他留学生活的全部。对于北海道，总让人想到那一大片薰衣草花田和冬天的皑皑白雪，以及日剧里的经典打卡地和白色恋人网红饼干。对于这些，马骏从不知晓。他说留学几年中做得最糗的一件事就是东京一位朋友曾经慕名来北海道看望他，接下来的几日里，他与这位朋友辗转北海道几个城市游玩，结果这位朋友在即将离去的时候，愤愤然对他说：“你在这里留学几年，什么都不知道，居然还让我带领你玩了几日，真是不可理解。”

虽两耳不闻窗外事，但老师们的言传身教却让他在学术之路上获益良多。身崎寿教授对马骏关怀备至并细心为他讲解了小岛宪之的得意门生芳贺纪雄教授的《万叶集比较文学事典》，研读基于文献学的比较文学影响研究的目的和方法。马骏读博士课程的三年时光，是在图书馆存放中国典籍的书库里度过的，“那时我没完没了地查找论文所需的一手资料，有时甚至几天说不上一句话，但我的自信却在一点一点地增强。”博士第二年，身崎寿教授让马骏去读小岛宪之的名著《上代日本文学と中国文学》（上、中、下）（塙書房，1962 年—1965 年），俗称“オレンジ色”（该书装帧为橙色）。他仿佛又钻进了漫长的时空隧道，看不到尽头。博士第三年，他开始“有则改之”（在“小岛说”的基础上提出有案可稽的修正案）、“无则加勉”（依据一手资料尝试提出自己的看法），最终形成了他的博士论文《万叶集と中国文学の比较研究——歌と散文と汉语の表现论——》。马骏取得的进步得到了身崎寿教授的由衷认可。

曾经，身崎寿教授从书架上取下一块“大部头”对马骏说：“这是集英社刚发行的伊藤老师的大作《万叶集释注》。这套书一共 11 卷。每出一卷，伊藤老师都会打来电话说，免费送你一本，马骏的事儿嘛，就拜托了啊。”大师傅轻松的语气里包含着厚重的嘱托，令马骏一时语塞，热泪盈眶。回国之前，马骏由新千机场转道东京，专程去大师傅府上道别。大师傅语气坚定地说：“回去，全力以赴，去做你该做的事情！”马骏郑重地点了点头。

潜心问学　教书育人硕果丰

回国之后，马骏从事教学和《日语研究》编辑工作。他在繁忙的教学和编辑工作间，成功申请多项国家社科基金一般项目，2011 年《日本古代文学“和习”问题研究》以“优秀”等级结项，并入选“2011 年度国家哲学社会科学成果文库”。这是马骏获得的第二个国家级项目，也属于国家级奖项。“申报项目不易，高质量成果的产出更难，往后的路只会越来越难。”

2016 年，马骏作为翔宇骨干教师引进二外。马骏教授表示，“二外是一个教学很给力的地方。日语学院给我特意安排每周五节课，这给我充足的时间做学术研究。日语学院教师们对教学的认真和严谨都给我留下了深刻的印象，身边的同事跟同学们的互动非常多，有的大年三十儿还在给学生布置作业，关心学生们的课业情况，真的很感动。”2021 年，来二外的第五个年头，他说他实现了当初的目标。“压力很大，很多事情也不是自己的意志力所能决定的，但是现在看来我这些年在二外的努力都是值得的。”

从事日语教学几十年来，马骏时常会思考教学与科研之间的关系。他认为，既然要站讲台，就要做好教案。做好教学工作的重要性在于：做好了，那是你分内的事情；反之，则会背负误人子弟的骂名，也会让你逐渐忘却曾经心仪的远方和诗。长此以往，你的学术信念会被蚕食，最终变成一个十足的怨妇，落得教学科研两头空。马骏认为，教学与科研的精髓在于奉献，两者之间没有、也不可能存在异价置换的可能。即便依从你厚道的人品决定拿出八分的精力去教学、十分的精力去科研，也无可挑剔。殊不知从你做出这一决定那一刻起，你所钟情的十分科研投入其实已经悄然注入了水分。你能在教学上有二分的折扣，就会在潜意识里反作用于你对待科研的态度。理想是美好的，现实却很骨感，态度已经决定了一切。

“做学问也有‘七年之痒’。因为外部环境会如影随形地逼迫你去体验这‘痒’之难耐。在生活和工作的双重压力之下，知识储备已经面临着坐吃山空的窘境。”马骏告诫自己：“芯が強いかどうかがものをいう天王山だ。”你如果意志坚强，此时便是你的背水一战。

2018 年 9 月，在他坚持不懈的努力下，《日本上代文学文体与汉译佛经的比较研究》以“良好”的成绩结项通过。翌年 5 月，改题作《汉文佛经文体影响下的日本上古文学》（全三卷，314 万字）由社会科学文献出版社出版，获得北京市第 16 届哲学社会科学优秀成果奖二等奖。

《汉文佛经文体影响下的日本上古文学》（全三卷）

“和习表达”“佛经文体”和“写本汉字”三个拟题，其宗旨只有一个，即探讨日本上古文学的主体性与创新精神。小峯和明教授指出：“该书可谓是对上代文学的词汇表达和汉译佛典关系进行翔实论证的辛劳之作，因为是中文版，目前尚不为日本学界所知，但可以说是一项事关今后研究动向的重要成果。”张龙妹教授在一篇书评中指出，“此书能够使自己的研究课题实现深入，展开，再深入，再展开这样一个良性发展，是作为研究者的理想状态。而作为研究日本文学出身的马骏教授，在本课题的研究上又实现了与本国学界的完美接轨，更是难能可贵。”

学术之苦，苦在万物相对、唯我独行的寂寞感。当被问及如何舒解浩如烟海的文献阅读后的紧张时，马骏称他唯一的娱乐和运动就是游泳。每天3000字的文字撰写，每天1000米的自由泳，对于这两件事，他雷打不动地完成。

马骏曾参加2014年度国家社会科学基金重大项目《日本汉文古写本整理与研究》，主持完成子课题《奈良朝汉文古写本整理与研究》。正是在从事该课题的研究过程中，他意识到了“写本汉字”研究的前瞻性和独特性。为争取时间，更为排除心理压力的干扰，2019年马骏申报了国家社科一般项目的另一个种类“中华学术外译”项目并获成功，将第五项国家级课题归入名下。“我希望未来可以实现第三次学术周期的大循环。”马骏道。

（作者：唐恩思）

8. 张喜华：常怀赤子之心　坚守三尺讲台

BISU 人物时光纪：张喜华，北京第二外国语学院英语学院教授、书记。文学博士，硕士生（博士生）导师，国家公派留学归国人员，教育部丹麦研究中心主任，北京高校大学英语教育发展中心主任，北京市大学英语研究会常务理事，中国翻译协会对外话语体系研究委员会委员，2018 年第十四届北京市高等学校教学名师。2019 年 11 月，在哥本哈根大学建校庆典上获颁荣誉博士学位，成为哥本哈根大学建校 540 年来首次获此殊荣的亚洲女性。

张喜华就如同她的名字一样，生性爱笑，笑起来如同月牙般的眼睛成了她最为明显的标志。

张喜华的学生们都说："每次和老师眼神的交汇，总能感受到老师炽热目光里传递出的关爱之情。"张喜华发自内心让学生敬爱、信赖的微笑，是她从教 26 年的底气与永葆教学热情的相互激荡。

常怀赤子之心　坚守三尺讲台

2018 年，北京市教育委员会发布《北京市教育委员会关于公布第十四届北京市高等学校教学名师奖、第二届北京市高等学校青年教学名师奖获奖名单的通知》，北二外英语学院教授张喜华荣获第十四届北京市高等学校教学名师奖。高等学校教学名师奖评选旨在发挥教学名师的示范榜样作用，深化教育教学改革，促进教育质量内涵发展。北京第二外国语学院目前已有 11 名教师荣获北京市级教学名师奖和青年教学名师奖。

张喜华说："教学名师是荣誉，更是责任，我会带着这份荣誉和责任鞭策自己继续上好课，教好书，育好人。"学生记者问她如何才能成为受学生欢迎的好老师，张喜华说她心目中的好老师是有人格魅力，有学识水平，和蔼可亲的老师。

“我真的很喜欢您的课，您的公共演讲课给我们充分的空间去发挥，可以不停地锻炼自己的信心和能力。您在第一节课时告诉我们，课堂里每一次演讲都是锻炼，关起门来，没有人会笑话。我在高中的时候一直不太喜欢参加各类活动，高中三年来英语口语没有进步，很逃避这种公开演讲的场合，是您的课帮我恢复了自信。”

这是张喜华老师收到的学生来信。张喜华回忆道：“那学期最后一次课结束时，一位腼腆的男生走到我面前，非常正规严肃地给我鞠了一躬，说：‘谢谢老师！’当时我没有心理准备，非常惊讶，感动得热泪盈眶。我们真心为学生付出，真爱学生，学生们是感恩的。学生后来发给我的信息我至今留着，这是对老师最大的认可和勉励。”

“做老师是我从小的梦想”

张喜华想做一名教师，这是一个从小就有的梦想。她开玩笑道，小学时就想当语文老师，结果当上了英语老师，20 多年来，从未后悔过自己的选择。只是岁月匆匆，“第一届学生比我小几岁，现在的学生比我的孩子小几岁。”

张喜华目前负责本科生、研究生和留学生的教学任务。她耐心指导研究生，为有出国意向的本科学生和研究生撰写推荐信。她说在她自己的学习和工作生涯中得到过很多很多的关爱和帮助，她常怀感恩之心，无以为报。她认为最好的回报就是爱的延续，用自己的爱心和情怀去帮助身边的人，去实现自己的社会价值。她参加学院的课程建设、团队建设和科研工作；曾主持北京高校大学英语教育发展中心工作，发挥二外在外语教学中的引领作用。“这些工作能让我把时间安排得满满的，忙碌而充实。”

除了教书育人，张喜华也一直奋斗在科研一线，硕果累累。张喜华的学术研究领域涵盖英美文学、跨文化研究、文化研究、丹麦研究等，曾在国内《外国文学研究》《外国文学》《中国比较文学》《学习与探索》《汉学研究》等核心及统计源刊物发表学术及教学研究论文 40 余篇，出版学术专著、理论译著 8 部，主编规划教材 10 多部，主持国家社科基金规划项目和省部级社科规划项目 3 项、北京市教改重点联合项目 1 项，其他各类教学、科研、团队建设、专业和课程建设项目 10 多项。她认为教学和科研相辅相成，科研能让教学更科学和严谨。

为成为受学生欢迎的好老师，张喜华一直在身体力行。工作之余，她乐意和学生谈心聊天，做学生们的良师益友。在学生们眼里，她是一位爱笑的老师，严中有爱，教中有情。她要求学生们做事要有高度，做人要有温度。她主张让同学们在快乐的氛围下学习，在跨文化案例中思考。她的课堂从不枯燥，总是充满欢声笑语。在她的公共演讲课堂里，有 10 多位留学生同学，她能够很好地利用班级特点，开展生动形象的跨文化交流活动，培养学生的跨文化交流能力，促进中外学生的相互了解，增进国际友谊。她的公共演讲课堂就是一个极佳的中外文化交流和传播平台。留学生们分享着他们的中国故事和中国情结，中国学生们热情展示着中华文化的魅力。

除了开篇收到的感谢信，还有一位学生让张喜华印象深刻，那个学生叫张文。张文在求职高校应聘时，单位领导为了考验她，让她为学院教师召开一个学术讲座。她接到通知后很紧张，觉得无法驾驭。身为导师的张喜华十分了解学生的学术能力，并指导她就某次课堂展示内容进行完善，鼓励她自信优雅地去开讲。“讲座结束后，有老师问她是北京哪个学校博士毕业的。听到这样的反馈，我们师生都很高兴。今年她博士毕业了，继续做一个快乐的小张老师。”每当提到这样优秀的学子，张喜华都流露出喜悦和自豪，为学生的成长和进步感到幸福。

“严谨细致的态度是教材质量的重要保障”

复合型人才培养是北京第二外国语学院人才培养的重要特色之一，但十年前市面上流通的很多口语教材内容上多为一些简单的日常交际，无法满足北二外学生复合型和国际化发展的需要。为此，张喜华带领团队开始编写《专门用途英语口语》教材，内容紧扣北二外非语言专业学生的英语学习要求。中外教师在使用该教材后反馈良好，后来又进行了再版。

教材编写是一项综合性很强的工作，最重要的是团队精神。一支高水平的团队，一位思路清晰的带头人是优质工作成果的必要条件。“我非常幸运，有一支业务可靠的校内外大学英语教学团队”张喜华说。严谨细致的态度是教材质量的重要保障，教材不同于其他书籍，具有极强的示范性，影响面广，是容不得瑕疵的。“英语毕竟不是我们的母语，教材编写过程中大到意识形态，小到拼写、标点都需要极为严谨、细致和负责任的态度，需要作者大量的时间和精力的投入。教材编写多了，对中英文语言问题和语言质量变得非常敏感，甚至吹毛求疵。”除此之外，张喜华还主编了《新纬度综合英语教程》《大学英语应用能力口语教程》等 10 余部教材。

“只要努力，我们都可以成为更好的老师”

张喜华在谈及如何做到“在完成平时忙碌工作的同时，还坚持学术研究”时，着重强调了时间观念的重要性。“一个人成就怎样，往往看他怎样利用自己的闲暇时间。”她认为，教学和研究的过程无法以上班时间长短来衡量。“社会上认为教师有寒暑假，假期看似休闲和散漫，其实也是我备课、研究和写作的黄金时段。”张喜华的时间观念很强，做事情必须有规划，要理清思路。立马能完成的小事情绝不拖拉，其他的事情按照轻重缓急有序完成，努力不积压事情。“用我孩子的话说我是得了强迫症，但我还很喜欢这种强迫症。”张喜华调侃道。

在师长、朋辈和学生面前，张喜华始终保持着一颗谦逊平和的心。她觉得自己的这些工作都是高校教师的分内之事，不足称道，她会始终严格要求自己继续努力。对于获奖，张喜华认为这只是机缘巧合，“教学永无止境，只要努力，我们都可以成为更好的老师。”

温暖中萌生的丹麦研究思绪

张喜华读博时主修比较文学与跨文化研究，2006 年她在北京语言大学攻读博士二年级时，获国家留学基金委资助，作为访问学者留学哥本哈根大学一年。留学丹麦期间，丹麦人的待人接物给她留下了极深的印象。

张喜华说：“在路上，陌生人都面带微笑，迎面走来还会向你 say‘hello’。有时问路，热心的丹麦人会帮你查找路线，指点你如何走，甚至领着你走一段。丹麦这个国家虽然小，人们却十分温暖。”第一次出国，当时丹麦华人很少，张喜华研究压力大又思乡心切。在那样的情况下，丹麦学者、丹麦房东、中国驻丹麦大使馆教育组给予了她很多的帮助和温暖。有一次张喜华在意大利旅游时不小心遗失了护照，她去丹麦移民局补办签证时移民官没有要求她做过多的解释，而是说：“我相信你。”简单的一句话透出了丹麦人与人之间的高度信任。

当时原本一个人远在异国他乡、倍感孤独的张喜华被丹麦深厚的人文关怀所感动，“我感到很温暖，我喜欢这里人与人之间温暖和谐的关系”。

这些点滴细节和社会公信力使张喜华产生了探讨和研究丹麦的想法。

2011 年，张喜华获得国家资助再次回到哥本哈根大学进行跨文化与区域方面的合作研究，这次她发现丹麦在许多方面其实都值得深入研究，比如绿色发展政策、工作和生活平衡理念，以及以人为本的福利和创新制度。2011 年她代表北京第二外国语学院应用英语学院与哥本哈根大学跨文化系签署了合作协议，正式建立了合作关系。

当问及教育部丹麦研究中心工作有什么困难的时候，张喜华说由于国家倡导国别与区域的研究，学校每年也拿出资金支持中心建设，还有来自丹麦学者的支持，中心的工作几乎没有什么困难。唯独有一点缺陷是她本人不懂丹麦语，要想全面了解一个国家的文化、思想，就要 go inside，deep inside。而象征着民族身份的语言是思想和文化的载体，懂一国的语言，方能真正实现有效的文化交流与沟通。她希望自己能够尽快学习丹麦语。

随着研究中心不断成熟，2015 年，国内首家丹麦研究中心在北京第二外国语学院成立，2017 年成为中国教育部备案的国别和区域研究中心，张喜华担任中心主任。

“之所以建立研究中心，除了研究了解丹麦，促进中丹文化交流外，人才培养也是国别与区域研究的工作任务之一。国家给了我出国‘充电’的机会，获益良多的同时也希望能够把学识和关爱传递、延续给更多的人。”张喜华说。

她希望借助丹麦研究中心这个纽带，培养更多具有国际视野的人才。“我想帮助更多的同学能‘走出去’，开阔视野，成为跨文化交流的使者，这是我从留学归来一直未变的热情与信念。”张喜华说到这时双手不自觉地比在了心间。

“教育的本质是育人。”她语重心长地说，“但人才培养的效果并不会立竿见影，这是一个潜移默化的长效机制，这些影响会慢慢体现在他们未来的工作岗位上，体现在他们的人生观和世界观中。如果他们的视野更加开阔，就能以一种更加开放、更加创新的方式方法去思考问题和解决问题。”

张喜华回想起了两个通过研究中心走出去的学生：一个同学现在在中国贸易促进会工作，他在工作中经常需要和外国客户打交道，由于出国留学的这段时间培养了他很强的跨文化意识，使得他能和客户建立起有效的沟通。另一个同学现在是一名中学英语老师。作为英语老师，他除了教授学生常规的语言知识，还能结合自身的跨文化视野和留学经历，发掘与课文相关的跨文化素材给学生进行讲解，提升教学的趣味性和文化性，提高学生学习英语的兴趣，培养学生的跨文化意识。

“我影响着我的学生，我的学生再去影响他们身边的人，这是我希望看到的最理想的状态。”张喜华老师说。

教好书更要育好人

作为一名普通大学老师的张喜华深受学生们的喜爱，她说："教师要有人格魅力，有学术水平，要和蔼可亲，要尊重学生，做学生的良师益友。"在张喜华的课上，学生在轻松、愉快、积极、主动地学习、思考。

张喜华强调："老师的任务不光是教知识，还应该教会学生 How to learn，learn to learn。教书是教好课本知识，育人是教会学生学习方法、开阔学习视野，去培养学生的终身学习能力，让学生成为有情怀和有温度的人。"

张喜华曾给学生们布置了一个特殊的作业。她在西方感恩节之际要求学生向他们的爸爸妈妈说一句"我爱你"。几天后张老师得到了学生们的反馈，有一个学生说："我对妈妈说完'我爱你'后，她吓坏了，一个劲追问我怎么了，是不是遇到什么事了，为什么要说'我爱你'，她以为我想不开。最后没办法了，只能被迫告诉她真相：这是老师布置的作业。"

张喜华说："我们的孩子很爱他们的老师，很爱他们的父母，可是他们不会表达，也很少表达。如果我们在日常生活中多说'爸爸妈妈，我爱你'，那我们的父母也不至于被孩子突如其来的一句'我爱你'吓蒙呀。感恩节虽然是西方的节日，但感恩却是我们共通的精神。"时时对人微笑是丹麦人给她留下的印象，也成了她的行为准则，"Smile doesn't cost you anything。微笑不需要成本，却能使世界变得更美好。"张喜华要求她每一届学生在生活中也要坚持对人微笑，予人和善。

"什么是以人为本，最起码就是把人当人，而不是把人当空气或植物，你看到可爱的小猫小狗尚且会去拍一拍，更何况迎面走来的是人呢，我们为什么不能面带微笑去打个招呼呢？哪怕是陌生人。"刚开始，学生并不理解甚至有些担忧："别人会不会觉得我是个疯子？"张喜华鼓励他们勇敢地去试一试："今天，你对多少人微笑，就会有多少人对你微笑，建立和谐的人际关系，其实生活中一些小小的细节可能会影响到更大的范围。"

张喜华就是这样言传身教，不断给学生们传递着正能量，她说："语言老师很适合把教书和育人结合在一起，教材中有关爱的话题，布置作业的时候就可以涉及，在潜移默化中就能培养学生。"学习语言，不仅仅是学习语言技能，更要学习中外文化，要能讲好中国故事，做到文化间相知互鉴。

（作者：段雨彤　汪欣然　　指导教师：唐恩思）

9. 杨玲：用心做好教书育人每件事

BISU人物时光纪： 杨玲，北京第二外国语学院日语学院院长，教授，博士生导师。1993年、2007年先后毕业于北京第二外国语学院、北京外国语大学日本学研究中心，获日语语言文学硕士学位、博士学位。曾先后赴日本神户市外国语大学、京都外国语大学、爱知学泉大学进行学术研究、交流及其讲学。1997年和1999年分别主持北京人民广播电台《日语300句》广播讲座和中央电视台《常用日语》电视讲座节目。曾主持北京市教改项目、校级重点科研项目、校级教学团队建设等多项研究课题。2008年获得北京市教育教学成果奖一等奖；2009年获得北京市优秀教学团队奖；2009年被纳入2010年启动的“北京市人才强教深化计划中青年骨干人才培养”计划。

为母校尽一份力

2019年，在T-EDGE全球创新大会中日国际合作产业论坛上，北京第二外国语学院日语学院院长杨玲教授应邀出席以“中日产业合作趋势与挑战”为主题的对话。在中日产业研究上，她有几十年的经验，培养了大量的外国语人才。作为一名教师，杨玲最强调的是中日产业交流中人的力量。“人是基础，人才是基础。”杨玲介绍，我国超过500所高校设置日语专业，在校生有20万规模。每年大概有5万名日语专业的毕业生。这些毕业生，超过一半以上都进入了产业、业界，到日本相关的企业就业，或者去日本发展。

杨玲表示，在我国高校的人才培养中，日语学生规模仅次于英语，而且在所有主体外语类高校里面，都是以日语学院的形式独立存在。中日交往一直保持非常密切的关系，并且会日益频繁。位于北京大兴的中日国际合作产业园的建立，对高校人才培养来说也是非常好的机遇。

20 世纪五六十年代，正值新中国外交发展时期。在周恩来总理的亲切关怀下，1964 年，北京第二外国语学院创建。日语专业是二外建校后第一批开设的专业之一，至今已有 57 年的历史。2006 年，北京第二外国语学院建立日语学院；同时，日语学院被选为国家第一类特点专业扶植点、北京特色专业扶植点、北京市重点扶植学科、北京市品牌专业。

“从设立之初，二外日语专业就有一支很优秀的师资队伍，其中包括新中国早期资深翻译家、日语学界著名学者苏琦教授。苏琦教授曾长年为国家领导人担任翻译，而且是二外建校之初唯一一位副教授。”杨玲说。

二外刚创立的时候，苏琦教授在日语听写译方面积累了丰富的讲授实例，特别是在翻译范畴颇有建树，他的多本著作至今还是各大高校的日语笔译课本。曾有二外学生说苏琦教授的那本《日语笔译教程》很是适用，随时都能够用到，所以他的书包里天天都要装着这本书。这也可以称得上是日语专业门生的“宝书”了。

作为二外的日语专业毕业生，杨玲很感激二外的教师们精湛扎实的教学和学术功底，学校浓厚的学习氛围为她的日语专业提供了实现梦想的平台。自 1993 年硕士毕业留母校任教以来，除博士课程阶段和学校公派的教师互访日本进行学术交流以外，她从未离开过母校的教学一线。现如今，杨玲最早从教学一线中培养出来的学生中已有数人作为日语学院的系主任或教研室主任开始在院系专业建设及学科建设中发挥着中青年教师的骨干作用。“为母校尽一份力”这是杨玲经常说的一句话。

“为中日交流贡献二外力量”

在 20 多年的教学生涯中，杨玲一直在同龄教师中发挥着领头作用，也是同龄教师中第一个开始担任教学组长、教研室主任、日语学院副院长以及日语学院院长等职务的教师，在最近 10 多年的教学生涯中，无论行政、教学还是教科研方面都始终以身作则站在第一线，在教师中起到了不可替代的示范作用。

她主要的研究领域为“语言研究、中日语言对比研究、翻译研究、翻译教学理论研究”；教学主要集中在“日本语教育”与“翻译教学”两个领域。迄今为止承担过本科近 10 门课程，研究生、包括 MTI 翻译专业硕士 10 门以上的课程。从实施学生教学评估制度以来，所担任课程的学生评价从未低于 95 分，并多次获满分。

杨玲曾获 2002 年北京第二外国语学院青年教师基本功大赛第一名，作为核心成员 2008 年获北京市教育教学成果一等奖，也是 2009 年北京市优秀教学团队、2010 年国家级教学团队“日语翻译课程教学团队”的核心成员。2011 年获北京第二外国语学院教学名师奖。所主编的北京市精品教材《中日同声传译教材系列》打破了国内日语翻译教材匮乏而不成体系的状况，对翻译专业建设、翻译学科发展，尤其是对日语翻译教学及翻译人才培养起到不可忽视的推动作用。当前日语学院所实施的本科翻译方向、学术研究生翻译方向、MTI 口笔译方向的课程体系均出自以杨玲为核心的教师团队的起草、制定和论证。这个团队还同时承担着国家级社科基金项目《翻译教学理论、教学体系和教学模式的研究与翻译语料库的建设》。

经过 50 多年的成长，北京第二外国语学院日语专业师资队伍不断发展壮大。在十多年的翻译教学摸索与实践中，在师资队伍、课程体系、教材建设都初具规模和影响力的前提下，杨玲近几年开始把部分精力放在课程建设上。目前，以她为项目负责人的校级精品课程已有两项。相信在今后几年扎实的工作中，在杨玲的带领下，一支翻译师资队伍、课程团队将会带着所编写的教材和所建设的课程，成长为国内日语教育界不容忽视的翻译师资队伍。“一代代修和日新的日语人不断传承、不断探索，才有了日语学院今天的荣耀。我们会继续传承下去，为国家培养更多有家国情怀的日语人才，为中日交流贡献二外力量。”杨玲说。

（作者：唐恩思）

10. 刘学慧：学习外语让我们更好地了解世界

BISU 人物时光纪：刘学慧，北京第二外国语学院欧洲学院教授，博士，硕士研究生导师。1991 年至今任教于北京第二外国语学院，曾先后赴德国美茵茨大学、埃森大学进行学术研究及交流。主持校级“中德跨文化交际研究”科研创新团队、“德语专业本科翻译教学团队”建设等多项研究课题及科研、教改项目。2008 年参与并获得北京市教育教学成果奖二等奖；2009 年被纳入“北京市人才强教深化计划中青年骨干人才培养”计划。

随着 2019 年度诺贝尔奖陆续揭晓，文学奖最终花落奥地利文学家彼得·汉德克。作为彼得·汉德克全集中文翻译计划的成员，同时也是北二外欧洲学院副院长、德语系教授的刘学慧，参与了获奖作品《痛苦的中国人》和《形同陌路的时刻》的翻译工作。

在彼得·汉德克获诺奖之前，他的作品并没有像村上春树等畅销作家那样广为国人所知。在豆瓣网上，读过汉德克作品的人基本上都只有百余人。不过早在 2011 年，刘学慧就参与并制订了彼得·汉德克作品全集的翻译计划，到现在也已经全部如期完成。这也使得彼得·汉德克成为所有获得诺贝尔文学奖的德语文学家中首位作品全部中文化的作家。“得知汉德克获得诺奖之后，首先是替他高兴，其次就感觉自己这八年来的努力没有白费。”诺奖想必可以使国人更多地了解彼得·汉德克及他的世界，刘学慧为此感到十分欣慰。

彼得·汉德克的作品以戏剧、短篇小说为主。他的笔触着力于反传统与结构传统，属于先锋派、试验派的文学家。在刘学慧翻译的作品《不理性的人终将消亡》中，彼得·汉德克表面看似是在抨击唯利是图的资本体制，实际是在描写被金钱所扭曲了的人的众生相。谈至此处，刘学慧深情地朗读了《不理性的人终将消亡》的结尾。在刘学慧眼里，彼得·汉德克的文字非常洗练并且富有艺术性，是位个性非常鲜明的文学家。汉德克的另一部获奖作品《痛苦的中国人》中，涉及了许多巴尔干半岛国家（塞尔维亚、斯洛文尼亚等）的文化。为了更准确地传达文意，刘学慧花了很多工夫去查阅相关资料，甚至查阅了塞尔维亚语和斯洛文尼亚语的词典。“还好现在咱们学校也开设了相关的语言专业，这样以后在查阅相关资料的时候，就更方便了。”刘学慧说。

刘学慧现在主要教授本科阶段高年级的课程，以及研究生阶段的翻译课程。说到自己的德语生涯，刘学慧评价为乘着改革开放的春风。三十余年前的她，正是因为改革开放需要大批外语人才，所以选择了德语专业。“学习外语能接触到很多新鲜的事物，能够更好地了解世界。”刘学慧认为，学习德语对她逻辑的缜密性和对哲理的思考都起到了积极的作用。“德语作为一门严谨的语言，你会发现学德语的人也会变得严谨。”

在语言学习方面，刘学慧引用了德国早期浪漫主义文学家施莱格尔的一句话“掌握一门外语就相当于掌握了一把打开一个国家大门的钥匙”。她建议大学生在学习外语的时候要注重强化比较观察和总结归纳的能力，这样才可以更好地掌握一门语言。

在将来的工作中，刘学慧将在教书育人的同时，继续德语文学作品的翻译工作，将更多优秀的德语文学作品介绍给国人。此次彼得·汉德克获得诺贝尔文学奖也为刘学慧的翻译事业增添了信心：“彼得·汉德克的获奖鼓舞着我将德语翻译、德语人才培养工作继续做下去、做好。”刘学慧说。

（作者：金辰俣　　指导教师：唐恩思）

11. 司显柱：在二外，快乐地做教学和研究

BISU **人物时光纪**：司显柱，北京第二外国语学院高级翻译学院教授，翔宇领军学者，博士生导师。在高校工作30余年，他一直奋斗在教学、科研一线，获得过多项省部级人才工程称号，是我国一级学会中国英汉语比较研究会副会长，教育部高等学校英语专业教学指导委员会委员，教育部普通高等学校本科教学审核评估专家，教育部学位和研究生教育中心评审专家，国家、教育部、北京市社科基金项目评委。2018年，他获得北京市“师德先锋”称号。

“二外为我提供了新的舞台”

自1988年研究生毕业入职高校以来，司显柱一直工作在教学一线。他的学术研究领域涵盖翻译理论、系统功能语言学、外语教育和语言服务产业等多个方向，曾经出版或发表各类成果130余项，包括研究论文103篇，出版（含即将）专著11部，主编教材、编著等20部；获省级科研、教学成果奖7项，主持包括国家社科基金、教育部人文社科基金、北京市社科基金重大课题，以及教育部教学改革专项和其他省部级课题10多项。

司显柱于2016年7月与北京第二外国语学院签订人才引进协议。“我于2016年9月正式调入二外。来二外之前，我担任学院院长职务12年，一边做管理，一边从事教学与研究，非常辛苦。现在，在二外，我能专心做研究与教学，觉得很快乐，衷心感谢二外给我提供这样的工作平台。”司显柱说。

进入二外，司显柱发现了一个新天地。在两年时间里，他积极参加学校组织的北京市一流专业、学校自主设立翻译研究硕士学位等申报材料撰写，牵头申报北京市属

高校创新团队项目；带领学院团队开展教学和科研工作，成功获批主持3项校级教改课题，带领成员申报2018年度国家社科基金重点课题。他充分发挥学科带头人作用，产出高水平科研成果：在教育部A类期刊发表论文3篇，在其他期刊发表论文7篇；在外语教学与研究出版社、上海外语教育出版社、中译出版社等国家级专业出版社出版学术专著6部（含即将出版3部），修订出版教材3部，正在主持编写教材4部；2016年9月完成主持的国家社科基金课题研究工作，2018年他承担的北京市社科基金重大项目研究顺利结项。

作为翻译学科带头人，司显柱牵头在北二外召开了4次高层次学术研讨会和学术论坛，多位全国外语类高校大学校长、国务院学科评议组成员、教育部教指委委员、国家一级学会会长、重点大学外国语学院院长、博士生导师等莅临二外。

目前司显柱教授正积极筹划成立国家二级学会——中国语言服务产业研究会，以期为北二外学科建设和博士点申报提供支撑平台。司显柱说，他衷心感谢身边的同事，“在高级翻译学院领导和全体成员孜孜不倦的努力下，我校翻译专业成为首批北京市属高校一流专业。作为其中一员，我深感荣幸和自豪，并将为此做出自己的全部努力。”

“教师要帮助学生在治学道路上少走弯路”

自2016年调入北二外以来，除潜心学术之外，司显柱坚持每学期给本科生开设“笔译基础”课程，将最新学术研究成果应用于教学实践，并从实际教学出发编写学校精品翻译教材；连续为2016级、2017级中美联合博士生项目开设非文学翻译研究系列讲座，为学生参加学术会议提供机会，深受学生欢迎。

谈及心目中好老师的标准，司显柱表示：“作为一名大学教师，我认为首先要有高尚的道德修养，身正为范，热爱学生，关心学生，引导学生走正道。同时要有渊博的知识、深厚的学养、敏锐的学术洞察力，才能够指导和帮助学生在治学的道路上少走弯路，做到学高为师。”

来到二外后，司显柱切实履行教书育人的责任，在课程教学、教材编写和研究生培养方面，都特别注重思想政治教育，弘扬社会主义核心价值观，积极引导学生热爱党和祖国，树立正确的世界观、人生观、价值观。他把自己在外语教学中的上述实践上升到理论层面，所撰写的文章被我国外语专业类期刊《语言教育》确立为重点文章，入选该刊2018年第2期的首篇。

在翻译研究领域，司显柱从未止步。作为教育部高等学校英语专业教指委委员、教育部普通高等学校本科教学审核评估专家，他积极开展英语专业国家标准制定，参与 5 所高校（莆田学院、中华女子学院、闽江学院、龙岩学院、北京科技大学）本科教学审核评估等活动；承担国家、教育部和北京市社科基金项目评审和结项评审工作；作为教育部研究生和学位评审专家，开展硕、博士学位论文评审和评优；受聘北师大、北外、中大、首师大、洛阳外院、北航、北科大等多所高校开展博士学位论文评阅和答辩；20 余次在国际性和全国性学术会议做主旨报告，20 余次应邀在多所全国重点大学做学术报告。

问及心目中的翻译大家，司显柱说："在翻译研究领域，我近年来的一大兴趣是翻译质量评估研究。从这个角度，我最钦佩的当代翻译家是北大的许渊冲先生，他的译文较好地践行了他自己提出的译文质量'三美观'，即'意美''音美''形美'。"

近几年，人工智能得到了前所未有的关注，从马斯克、霍金等大佬对人工智能的大胆预测，到《超能查派》和《机械姬》等电影中出现的强人工智能角色，再到很多科技巨头频频发布人工智能领域的研究成果，历史上从来没有像今天一样对这个领域有如此多的狂热和讨论。当问及关于智能翻译日渐普及带来的危机感，司显柱说："科大讯飞的智能翻译项目发展很快，其开发的翻译软件可以对一些日常话语和特定领域文本进行翻译，译文基本可读。相信随着人工智能的发展，其应用领域将不断扩大，译文的质量也将不断提高。但是对于复杂话语、文本的翻译，比如文学、社科类，在可预见的将来，人工智能尚可望不可及。"

（作者：唐恩思）

12. 马诗远：除了诗和远方，更重要的是责任

BISU 人物时光纪： 马诗远，北京第二外国语学院英语学院教授，北二外全球舆情与受众研究基地执行主任，在国家形象外宣、中国文化外宣等研究领域深耕多年。2003 年迄今，开辟中国国家形象的新视野——国际旅游传播，代表著作《国际旅游传播中的国家形象研究》是第一部系统研究国家形象旅游外宣的专著。在文化外宣研究领域，紧扣“受众研究”和“受众听得懂的语言”关键环节，寻找话语创新的依据和途径，获立国家社科基金项目《当代中国文化对外传播话语创新研究》，出版著作《外国人对中国文化的体验与传播：百姓视角》《讲好中国故事：话语创新与中国叙事》等。近年来，马诗远教授组建多语种外宣研究团队，服务国家和北京市重大外宣实践，获立多项北京社科重大研究课题，为北京城市国际品牌形象塑造、北京重大活动舆情预警和应对机制提供坚实的研究基础。2019 年，入选北京市宣传思想文化系统“四个一批”人才名单。

7 月 23 日，正值酷暑，刚刚进入 2020 年的暑假，时任北京第二外国语学院首都对外传播研究院副院长马诗远就开始忙碌起来，她和同是研究院副院长的张惠芹教授邀请了北京社科联调研宣传部专家，为舆情基地成员们做了题为“如何撰写成果要报”的专题讲座。

北京第二外国语学院多语种编译团队 19 个语种的教师们参加了讲座。“今天这个讲座主要是为了解决团队如何提升成果产出质量的问题。讲座内容是我们团队迫切需要了解的，同时能够指导实践的。”马诗远介绍说。

“跨界成长”让视野更宽广

英语专业出身的她，带着二外的一纸合同，将博士学业的全部时光投入到旅游传播的研究中，著作《国际旅游传播中的国家形象研究》成为第一部系统研究国家形象旅游外宣的专著。近几年，在学校各级领导的支持下，她满腔热情投入到国际传播领域的研究中，她和张惠芹教授带领的多语种编译团队取得丰硕成果。她入选 2019 年北京市宣传思想文化系统“四个一批”人才名单。

马诗远属于北二外培养的“复合型人才”，用现在流行的说法，算是在外语、旅游和传播之中跨界了。马诗远毕业于北二外英语系，硕士研究生毕业后留校任教。马诗远认为“留在母校当老师是一件幸福的事儿”。她 2003 年考入中国传媒大学新闻传播学院，师从中国著名传播学学者郭镇之教授，从此开始了漫长的跨界学习之旅，她先后攻读新闻学、传播学、旅游学（包括旅游社会学、旅游文化学、旅游经济学、旅游市场营销）和国家形象研究等诸多领域的众多著作。书山有路，苦并快乐着。博士毕业之后，她带着自己的研究成果回到二外，为旅游专业高年级学生讲授“报刊阅读”课，并为他们量身定做了她自己编写的《旅游专业英语报刊阅读教程》。

“二外的英语学习让我在语言上拥有了观察世界的望远镜和探索世界的国际化工具，传播学的深入学习拓宽了我社会科学的视野并给了我研究领域的多种可能。”提到母校二外，马诗远说得最多的两个字是“感恩”，“二外是我的母校，我在这儿读完研究生，然后学校又送我去读博士，我理应以寸草之心报答学校，以春泥之情呵护学生。二十载倏忽而过，太匆匆。”

“我感恩二外的很多前辈，如宋献春教授、王文炯教授、吕龙根教授、王志佑教授、张洪仪教授、张惠芹教授等人。我从他们身上受益良多，他们既是我的引路人，还和我有忘年之交。这些年，他们提供给我生活的温暖和学术的营养。在二外还有很多要好的朋友，每当遇到坎儿，他们都会慷慨地“渡”我过去。我还感恩我的学生们，他们芬芳的年华、充满活力的思维、细腻而真挚的情义，让陪伴他们成长的教学过程成为一种享受。”马诗远说。

马诗远说，国家急需国际化人才，建设高水平特色型大学是北京第二外国语学院的目标。她说她理解的复合型人才培养一定是学贯中西，既能教书育人，又能够服务于国家的外交外事外宣等重大活动和国家战略；既精通外语技能又具有浓厚的中国传统文化底蕴，了解西方文化但不媚西方，这样才可以担当重任，效力国家，服务社会。

“我们团队都是志同道合的战友”

2020年新冠肺炎疫情成为世界舆论焦点。1月20日媒体报道了新冠疫情“人传人”的情况，马诗远敏感地意识到这将是一个非常重要的国际公共卫生事件。大年初三，她就召集研究团队成员，商量如何抓住时机，了解外媒关切，以最快的速度将外媒对疫情的报道编译出来，为决策者和国内媒体提供参考。马诗远说：“疫情一定会引起国内外媒体的高度关注，我们作为外语教师，必须要主动承担使命，在这片没有硝烟的战场上为国家战胜疫情贡献绵薄之力。”

团队的教师们迅速承担起新闻媒体舆论观点编译与研究报告的撰写工作。在学校大力支持下，张惠芹教授和马诗远教授带领71人的师生团队，密切关注相关国家社交媒体、主流媒体及智库，将国际知名媒体和机构的实时疫情新闻报道快速翻译成中文并做出分析。研究成果得到了相关机构的认可和肯定。

这支拥有71人的多语种师生翻译团队自2020年1月20日至3月19日，编译稿件244篇，编译字数达36.3万，涉及37个国家和154家媒体。编译文章先后被有关部门采纳近80篇。

“为了第一时间了解境外媒体关切，许多教师为了克服时差带来的问题，都工作到深夜，以保证第二天提供最及时的编译参考。大家都是拖家带口，真的很辛苦，而且都是自发的，没有任何行政力量的强制。”马诗远解释说，我觉得大家是一群志同道合的战友，这支队伍很有战斗力，也都怀着一颗“知识分子的良心”。这是一支“招之即来，来之能战的队伍”。

谈到多语种编译团队，“和谐”和“凝聚力”是团队老师们提到最多的两个词。作为多语种编译团队的年轻教师，中东学院教师齐济眼中的马诗远“对待工作特别有热情，特别有激情”。她觉得马老师做任何事情都是亲力亲为，会为团队每一个成员的发展着想，她做的每件事首先想的就是团队进步，只要团队有所成长，她就会发自内心地高兴。

朝鲜语专业教师刘双玉说：“编译是我们的一份爱好，更是一份责任心。在做舆情的时候，可能需要没日没夜地去翻译，马老师在这方面是我们的榜样，学语言的在做舆情研究和对外传播时不是特别在行，她会不厌其烦地给我们从基础理论讲起，释疑解惑。”

“学者的研究应对应国家需求”

近年来，马诗远和张惠芹带领的这支多语种外宣研究团队，服务国家和北京市重大外宣实践，获立多项北京社科重大研究课题，期望能为北京城市国际品牌形象塑造、北京重大活动舆情预警和应对机制提供坚实的研究基础。“这个舆情基地可以说是白手起家，在组建的过程中和从事研究过程中也遇到过一些困难，但是我觉得学者的研究还是要对接国家需求，发挥团队的力量和语种优势，服务国家，服务北京。”马诗远说。

2月19日，《北京日报》刊登了张惠芹教授和马诗远教授领衔撰写的《外国人眼中的中国“战疫”时刻：中国报道疫情很公开》的文章，该文先后被光明网、中国网转载。8月3日，马诗远和张惠芹教授的文章《国际舆论报道新发地抗“疫”的三个转向》刊登在千龙网上，被中国网快速转载。

“在二外参加工作之后，我曾经有一段时间在黑暗中摸索，很迷茫，找不到研究的方向。回头看看那段年轻而艰涩的岁月，经常会很感慨。现在我找到了‘隧道深处的那道光’，特别希望自己能在一个角落里默默地、踏踏实实做点研究，带好团队，做好传帮带，做好自己想做的事。”马诗远说。

“马老师的智慧与坚毅帮助我迈向真正的十八岁”

每年生日前夕，马诗远总是能收到来自学生们的各种惊喜：一句祝福的话，一束淡雅芳香的花，抑或学生们从遥远地方寄来的祝福卡片。对于这些真诚的祝福，马诗语直言“太幸福”。她说这些爱的传递让她充满力量。她曾经从很多前辈身上汲取了很多二外精神，她成为教师后，把这些关爱传递给了学生：“这些年学生给了我无数的快乐。苏格拉底说过，教育不是灌输，而是点燃内心的火焰。孩子们的求知欲、知识面以及他们对于生命的热爱都在激发着我如何做一个对得起他们的老师：不是教给学生几个字母，而是引导他们怎样去更好地认识自己，如何从不同的视角理解生命的意义，如何理解不同国家不同时代的人生与社会，挖掘自己的潜力，成为值得尊重的自己。”

“马老师是我的英语老师，她教我英语，又不尽然是英语。课堂上，马老师会在讲述课本内容的同时，将自己的人生经历也穿插进去。从这些千姿百态的小故事里，我学到了很多，也汲取了很多力量。”即将赴 UCL 读研的 2016 级本科毕业生白月明是马诗远教过的学生之一。

“马老师经常会在课下跟我们谈心，她说一定要充分利用大学四年，在学好专业知识的同时，也要广泛交友，尊重每一个人。我在听课时会一直面带微笑。在大二暑假剑桥游学的最后一课结束后，剑桥大学的教授笑着对我说，我很喜欢你，因为在我的课上你一直是笑着的，看到你的笑容我也很开心。”白月明说这只是她在马老师的课上学到的其中一点——尊重他人。此外，她说，“我还学到了很多其他的东西，小到如何科学地自主提高英语能力的方法，大到明白浪费大学四年的时光是多么可惜。马老师是我大学的领路人，她的智慧与坚毅帮助我迈向了真正的十八岁。”

当问及最喜欢的事物时，马诗远说她最喜欢清朝纳兰性德的词，他的词清雅如兰，文如其人，人品高洁，得之天然，虽生于钟鸣鼎食之家，不沾秽俗，为簪缨之族，不慕功名。“我觉得一个真正的学者，要甘于寂寞，远离功利和名利，要善于从繁华喧嚣中沉淀下来，才有可能宁静以致远，淡泊明志，做一个真诚的人，做一点真诚的学问。”

（作者：唐恩思）

13. 龙云：教师能做的就是不断提升能力

BISU **人物时光纪**：龙云，北京第二外国语学院英语学院教授，师德先进个人，北京市教学名师，校级教学名师，北京知联会理事，北京市属高校青年拔尖人才。荣获第三届全国美国文学研究会优秀学术专著二等奖、北京第九届教师基本功大赛论文比赛二等奖、北京市优质本科课程主讲教师、校级首届翔宇教学奖一等奖、校级多媒体课件大赛一等奖、校级科研成果一等奖等。主讲课程《文学导论》被评为北京市优质本科课程，主编《美国后现代小说导读》被评为北京市优质本科教材。多次指导本科生完成国家级、北京市科研立项，获得“大学生科研创新项目优秀指导教师奖”；指导研究生多次获得国家级和校级奖学金，指导研究生公开发表多篇学术论文，在首届“金牌导师——最受研究生尊敬的导师”评选活动中，被评为“优秀导师”，被评为“研究生学术之星”优秀指导教师、优秀硕士学位论文指导教师。

2019 年 12 月，北京第二外国语学院英语学院龙云教授获得了北京市第十四届教学名师奖。当得知获奖消息后，龙云说她感到很高兴：“能代表学校去参赛感到很荣幸，能够获奖其实表明我校课堂教学改革成果获得了评审专家的肯定。当然这次参赛也是一次很好的学习交流机会，一方面展现了我校教师的教学风采，另一方面也从兄弟院校教师的教学中有所学习和启发。”

“比赛的过程也是一种学习”

“跟我同场竞技的老师一般都是比我年长的前辈，当时我还想是不是进错场次了，后来我发现一般我这个年龄层次的，即 70 后，大多选择申报的是青年教学名师奖。既然同场竞技的都是前辈，那就把它当作一个难得的学习机会。比赛后我到后排悄悄地聆听了一下，听到前辈在课堂上游刃有余的讲授，对知识点的旁征博引，感到收获还是很多的，特别是他们身上那种对于教学始终如一的热爱、执着和认真让我非常受触动。”

龙云参加比赛时讲的是惠特曼的诗歌，授课内容是自由体诗歌的概念以及诗歌当中象征的使用。她在跟学生的互动当中，力争从学生切身的日常生活入手，激起学生的通感来调动他们的课堂积极性。虽然比赛现场的学生来自不同高校，但龙云深入浅出的讲解让他们饶有兴味地、专心致志地听课和参与讨论。

“《文学导论》课其实算是我入职以来一直在上的一个特色课程，当时开设这门课程是因为我希望学生在二年级的时候能够对小说、诗歌、戏剧和散文有一个大致的了解，通过课程群建设来为学生的文学知识体系打下一个坚实的基础，也为后面文史类课程做好铺垫。”龙云说跟小说故事相比，诗歌相对比较抽象，学生对它的理解很大程度上取决于教师对它的阐释，这就需要运用很多的手段和做好前期准备工作。授课中她引导学生将惠特曼自由体诗歌和之前学习的莎士比亚十四行诗做对比，通过比较不同的韵律特点，帮助学生掌握自由体诗歌的概念，同时通过从不同维度对象征的使用进行阐释来加深学生对诗歌的理解。整个讲课过程和教学环节是环环相扣的，知识点是有机衔接的。

“继续读博士既是本领恐慌，也有责任的担当”

龙云在完成日常教学工作之余，决定攻读博士学位：“教了几年书之后，你会感觉被掏空，然后就会想在学位上有所提升，对自己的知识储备能有一个扩充，这样才能教学相长。”

她说继续读书源自本领的恐慌，还有一个是责任的担当。“我经常跟学生讲，家长把你们送到学校，老师要以教书育人为己任，务必认真完成教学任务，不辜负家长的期望。”

去清华后，龙云认为浓厚的学习氛围让她收获颇多。“导师希望我能够博览群书。”她说清华的自主学习能够让学生发现和激发自己的能力和潜力。“这样的培养方式和教师循循善诱的指导带给我一生的财富，那四年我就看了很多书和学会了深入思考。”

龙云说她的博士导师讲授的第一节课就叫作“理论的旅行”，刚开始接触感觉比较吃力，通过后来慢慢地学习就会了解理论的宏观架构，同时也非常钦佩导师那种对于各种学科知识的驾驭和整合能力。“导师给我树立了一个榜样。导师对于文学研究、翻译研究、文化研究均能游刃有余，而且建树颇深。导师勤于思考，勤耕不辍，成为国内外享誉盛名的大师级人物。所以我要以导师为标杆，学习他对于科研的专注与投入，激励自己不断地在学术上有所精进。”龙云说。

龙云在读书期间经常会参加博士论坛，不同专业的学生会借此分享研究成果。她觉得这是一个特别好的思想火花的激发，也就是说在跨学科之间，不经意中就对你有启发。

“做博士毕业论文选题的时候，因为我写的是爱默生，有人说他的思想就是一个多棱镜，就是你从哪儿把握都不好把握，所以他的思想需要精心地梳理。的确，我在研究这个选题的时候，也一度感到陷入困境，一度产生畏惧的心理。后来我决心使用一个最传统和基本的办法：做笔记。每看一句原文或者文献，我就做笔记，然后把它们整理归纳并提炼观点。”整理到最后笔记资料是 80 万字，在此基础上，龙云最后完成了 30 多万字的博士毕业论文。博士论文出版后，顺利申报获批教育部人文社科项目，所发表专著获得美国文学研究协会优秀研究成果专著类二等奖。

大学的使命感是让孩子终身受益

北二外是龙云的第一份工作。龙云说她还是很感激学校的，对这份工作也格外珍惜。“二外带着我成长，包括资助我去读博士，我现在努力工作也是对学校的最好回馈。”

龙云在讲授基础英语这门课的时候，会用很多的业余时间去备课，还有一个最主要的工作，就是把学生的错误收集整理，然后利用业余休息时间逐个给学生进行反馈。她利用晚自习时间找学生谈话。“我会告诉他，你哪儿有不足，哪儿有进步，就这样学生的英语水平逐渐提升，也和我有了很深的感情。虽然毕业多年了，许多学生说当年我给他们写的评语他们现在都还留着呢。”2019 年年底，龙云教过的毕业生们从贵州、深圳等地来到北京聚会，看到他们在各行各业有所发展，学有所用，龙云感到特别开心和欣慰。

龙云说她的第一届学生是北二外跟贵州中医大学联合培养的医学院学生，他们大学前两年在二外学习。这帮孩子的英语基础相对薄弱，龙云就一直思考应该怎么样去帮助这些学生成长。“他们刚来上大学的时候甚至问我英语动词过去时后面为什么要加‘ed’？我当时突然愣住了，本来准备好的教学内容要进行适当调整了，因为我知道我需要根据学生能力基础重新改变教学思路了。”龙云善于因材施教，取得了很好的教学效果。龙云说这帮孩子现在都已经是医学界的核心骨干力量了，他们的语言能力也为他们的专业助力不少。

龙云在一次教师节发言中说：“要学会等待学生。有的学生的学习效果是立竿见影的，有的学生你要学会等待他成长。”她说当时班里有些贵州孩子的发音不是特别准确，她尝试反复地纠正。其中一个学生也很想发好音，但不管怎么努力就发不了“ch”这个音，纠正了上百次后龙老师快要想放弃了。但是一年后，这个学生有一天突然课间跑到龙云面前，他说他能发这个音了。龙云回忆时，激动地说：“那一刹那我明白不能放弃任何一位学生，学生其实一直在努力，有的学生会慢慢地成长，老师就是要激励孩子们，去看到他们的成长，一定要相信学生。这个学生后来在南方医科大学攻读博士了。”

当下人工智能对外语教学带来了巨大冲击和挑战，特别是在翻译领域。龙云说：“科技迅速发展带来便利的同时，也还存在一定的短板，比如说语言教学，一个是语言技能的培养，同时还有人文交流的目标，这种交流除了意思层面之外，还要关注意义和语境等，以及深入理解和认识人文内涵。学生的培养应该是复合化、多元化的培养，以及综合能力的全面提升。”龙云说现在网络资源太丰富了，教师唯一能做的就是不畏挑战，与时俱进，通过不断学习提升教学科研能力，从而培养出更多优秀的外语人才。

（作者：唐恩思）

14. 程维：在二外，幸福地做中西文化“摆渡人”

BISU 人物时光纪：程维，北京第二外国语学院副校长，博士，教授，MTI 硕士生导师，北京第二外国语学院与宾汉姆顿大学联合培养翻译博士生导师。曾任高级翻译学院院长。2017 年，程维当选党的十九大北京市代表。

“程维老师是我们心目中的女神！”当提及程维老师时，高级翻译学院不少学生都会给出这样的答案。

很多初见程维的人会觉得，她知性温婉，身上蕴含着一股中国古典的气质美；而接触下来就会发现，程维是一个执着而倔强的人——她一直用“明德、勤学、求是、竞先”的二外校训精神在鞭策自己，对所从事的专业领域有着近乎“痴迷”的钻研精神，对教书育人更是充满了热情。

在二外讲台上美丽绽放

程维说，二外是一所非常优秀的学校。她在工作之初，就得到了很多老前辈无私的帮助，戚文琴、韩玉灵、张文、程尽能、修月祯等老教授都曾给予她悉心的指导和帮助。

“我刚刚走上讲台的时候，戚文琴教授经常听我的课，提出详细的建议和意见，提出我的优势和缺点，跟我交流如何驾驭课堂，如何启发学生以及如何把握学生等细节。我被二外老教授脚踏实地、教书育人的精神深深感动。他们所做的这一切，都是为了让学生取得更好的学习效果。带着这份感动，我体悟到二外这所有着厚重底蕴的学校一脉相承的教学理念。”

老教授们的教学风格和为人处世的态度对程维影响很大。在后来教学的日子里，她像她的前辈们一样，注重观察学生，注重教学细节。

曾经有一名学生成绩有些波动，程维担心她掉队，提醒她尽量坐在教室前两排，这样程维可以随时观察她的课堂状况。这位学生毕业后从事英语教育培训工作，她曾一再强调，如果不是因为程老师的督促关怀，自己可能早就放弃英语了。

2016 年，翻译学院招录了数十名贯培学生，面对这群“小大学生”，程维每天下班后找他们一个个谈心，希望他们尽快适应学习生活，将最美好的花季绽放在二外。

翻译学院原辅导员张珑膑说，翻译学院举办的各种学生活动，程维教授基本上都参加。

“和学生们在一起的时候，我感到特别放松。”程维说，“专业教师积极参与学生活动，能够更好地了解学生的思想动态，也可以更有针对性地开展教学活动。”

像众多优秀的二外前辈那样，程维在教学中时刻秉承着“和易以思、人文化成”的二外教风，从一名普通的年轻教师最终成长为广受欢迎的“明星教师”，在二外的三尺讲台上美丽绽放。

当好翻译要有“匠人精神”

程维对于自己的专业有着近乎“痴迷”的热爱。在程维看来，翻译不是一门冷硬的专业，而是有灵魂的；作为翻译者，要具有“匠人精神”，不做表面功夫，而是以自己的热情、专注、执着在自己的领域里做到极致。

程维回忆说，她还在读书的时候，导师曾经推荐她去上一门课，叫作“中西方文化对比”，担任这门课程的是美国布朗大学的布莱尔教授。

“在刚刚得到我导师这个建议的时候，我特别不解，因为我觉得，这样的课程和我自己的专业是很有距离的，我为什么要花时间在这个上面？直到后来读完了布莱尔教授自己编写的这本教材，然后又完成了 14 个小论文，我才逐渐地体会到我的导师还有布莱尔教授他们的苦心。”程维说，“翻译者不仅游走于不同语言的文本之间，也是游走在不同的文化之间，更是游走在不同的知识体系之间，因此必须要具备非常强的触类旁通的能力，然后从各种知识体系当中去汲取养分，最后才能看到别人可能看不到的一些语言本质差别。”再后来，程维读到著名翻译家傅雷的一句话：“译事……要以艺术修养为根本：无敏感之心灵，无热烈之同情，无适当之鉴赏能力，无相当之社会经验，无充分之常识（杂学），势难彻底理解原作，即或理解，亦未必能深切领悟。”直到现在，她都把这句话铭记在心。

程维认为，在人工智能越来越发达的今天，翻译专业师生要有危机感。在她看来，翻译者要懂得发挥自身的优势——人类语言是有情感的，有温度的，正如库克曾说，“我不担心人工智能能够让计算机像人类一样思考，我更担心人类像计算机一样思考。”如何做一个有情怀的翻译家，这是师生共同要思考的。

如今，她把业余时间大量花在学习不同专业的知识上，也经常鼓励学生们在课余时间读一些“无用”的书，选一两门看上去“无用”的课，不断扩充自己的知识体系，“今天学习到的知识说不定就是日后所需的‘他山之玉’，就是在别人没有办法的时候你却能独辟蹊径的法宝。”

做中西方文化之间的“摆渡人”

程维非常喜欢一个比喻——翻译就像是不同文化之间的“摆渡人”。作为一名语言教育者，程维一直有着强烈的使命感和责任感。她说，以习近平总同志为核心的党中央做出了一系列加强和改进对外宣传工作的重大决策部署，提出了讲好中国故事、传播好中国声音的任务；二外是一所以国际化、高层次、复合型、应用性人才培养为根本任务的学校，作为二外教师，应认真考虑如何从自身做起讲好中国故事。

长期以来，她一直关注国际传播领域中“核心词汇”建设这个话题。“文化领域中的中国核心经典概念，如果没有一个权威的解读或者权威的表述，从整体、长远来看，会影响中国文化对外传播的效度和信度。”

程维根据自己的亲身体验，认为翻译中最大的难题在于妥善处理那些具有丰富文化内涵的文化附载词。她提到，自己在翻译京剧项目时，发现像《霸王别姬》《连环套》这样的经典京剧剧目，仅剧目名称就存在多种英文译法，类似这种特定领域的专门术语和表达，又常常缺乏权威的统一机制，对广大翻译人员提出了巨大挑战。

程维呼吁加强语汇建设，树立行业术语和专门表述的统一机制，主张在文化领域的核心语汇构建中，尤其充分重视像“道”“义”“德”这类体现中国哲学、思维方式和文化特点的经典概念。当选十九大代表在给她带来荣誉的同时，也带来了动力：“世界需要进一步了解中国，中国也需要向世界进一步说明自己，我将为此贡献自己的力量。”

（作者：唐恩思）

15. 张颖：用温暖声音　译好中国故事

BISU 人物时光纪：张颖，中国公共政策翻译研究院执行院长。1999 年开始承担党和国家领导人外事活动翻译任务，2000 年起享受外交部高级翻译特殊岗位津贴，2006 年起享受口译最高档高级翻译特殊岗位津贴。2017 年，张颖入职北京第二外国语学院，曾担任政党外交学院院长、高级翻译学院院长。

接通张颖电话的那刻，电话的那端传来的是她亲切温暖的声音。就是这个声音，曾经是多位党和国家主要领导人重要出访、出席重要国际会议时担任交传、同传翻译工作时伴随的熟悉声音。

作为一名“七零后”，张颖可以说是成绩斐然。她 1999 年开始承担党和国家领导人外事活动口笔译翻译任务，2003 年开始承担党和国家领导人重要出访和外事活动翻译任务。2000 年起享受外交部高级翻译特殊岗位津贴，2006 年起享受口译最高档高级翻译特殊岗位津贴。2017 年，张颖入职北京第二外国语学院，曾担任政党外交学院院长、高级翻译学院院长，现任中国公共政策翻译研究院院长。

发挥翻译力量，讲好“北京故事”

“如何地道翻译‘一核两翼’‘街乡吹哨，部门报到’？如何用外文阐释‘接诉即办’‘一核一城三带两区’，让国际社会更好地理解中国政府运行机制，从而更好地向世界传递真实、立体的中国印象？”2021 年 4 月 7 日，由北京第二外国语学院中国公共政策翻译研究院团队历时一年打磨完成的首批“首都关键词”于北京市外办微信公众号正式发布。

近年来，北京全面落实首都城市战略定位，“四个中心”功能建设全面提速，“四个服务”水平显著提高，一系列重大改革措施扎实推进，各项惠民、利民的公共政策持续实施。在贯彻新发展理念，践行高水平开放、高质量发展的过程中，涌现了一大批北京市民耳熟能详的关键词。为了生动展示首都高质量发展和城市治理方面取得的重要成果，为了让国际社会读懂开放创新、和谐宜居的北京，北京第二外国语学院2020年正式启动“首都关键词”项目。“北京这几年的发展变化是我们所有人有目共睹的。学校启动首都关键词项目，我觉得这是‘以小见大’地抓住了这几年首都四个中心建设的亮点和特色，如共生院、接诉即办这些都是具有鲜明北京特色的词汇，能够展示北京的发展和首善风采。”张颖表示。

“首都关键词”项目由北京第二外国语学院中国公共政策翻译研究院承担。项目实施过程中，研究院成立了一支20名政策翻译顶级专家带领学校专业教师组成的中外结合的优秀翻译团队，专家包括十九大报告、《习近平治国理政》、国务院政府工作报告等国家重大政治文件英文定稿人。项目还邀请了唐闻生、朱英璜等外交、外宣战线老一辈专家参与译文的审定工作，这为“首都关键词”的精准和精确翻译提供了坚实的保障。

项目首批成果发布了20个关键词，每个词条都有中英文定义和释义，体现“四个中心”“一核两翼”等首都战略定位，阐释“接诉即办”“吹哨报到”等治理新政，描绘“一核一城三带两区”“共生院”等文化传承，诉说“回天有我”“三边四级”等基层民生。项目第一批成果共20个关键词亮相媒体。

政策翻译必须要有文化敏感性和跨文化沟通意识，这也是我们中外结合的专家团队的优势所在。“‘街乡吹哨、部门报到’中的‘吹哨’一词之前看到的英译文是‘Blow the whistle’，在英文中，‘Whistle blowing’有揭发、举报之意，字对字的翻译容易引起歧义，也无法体现该项政策的核心含义。我们需要在对相关政策正确解读的前提下，翻译出词条背后的真正意义，切忌简单化处理。”张颖解释说，研究院团队最后确定的英文释义是‘Quick answer to community calls’，和接诉即办的英译文‘Swift response to public complaints’相互呼应，清晰阐明了北京市政府以人民为中心，建立基层治理的应急机制、服务群众的响应机制，切实增强人民群众的获得感、幸福感和安全感的决心和成效。”

谈及首批“首都关键词”的甄选，张颖表示，两年前研究院就有意开展“首都关键词”翻译项目，但是这个项目需要有大量的首都公共政策翻译成果作为依托，而当时一没有先例，二没有多少可借鉴的翻译资料，挑战非常大。所以研究院决定先做基础工作，主动翻译了十多万字的首都重要公共政策，在此基础上搭建翻译术语库。两年来研究院依托北京市政府相关部门委托完成的《北京市政府两会工作报告》《中国（北京）自由贸易试验区总体方案》等30余万字首都重要公共政策翻译成果，从北京市政府官方渠道获取并精选代表首都特色、传播效果好的中文词条及其官方权威释义，由团队成员和专家进行翻译和审校。期间召开多次专家研讨会，反复推敲确定译文。“专家团队在把好政治关的基础上强化跨文化沟通，初衷是通过关键词的翻译，让国际社会从‘小词’中读懂首都，读懂中国。”张颖说。

2020年对于研究院来说是取得丰硕成果的一年。这一年，研究院在执行院长张颖的带领下，翻译了《全国人民代表大会常务委员会关于全面禁止非法野生动物交易、革除滥食野生动物陋习、切实保障人民群众生命健康安全的决定》《中华人民共和国外商投资法》《北京市2020年政府工作报告》《副中心规划出炉记》《促进城市南部地区加快发展行动计划（2018—2020年）》《中国（北京）自由贸易试验区总体方案》等。出版译著《公共政策翻译》系列、《新加坡共和国建筑维护和分层地契管理法》等。

中国公共政策翻译研究院自成立以来，研究方向始终聚焦重要公共政策的翻译，突出首都特色，以需求为导向，为主要服务对象提供优质译文；同时研究院为高校翻译教学开辟新道路，帮助学生通过实践提高不同文本翻译的能力，培养能够满足国家发展需要的翻译人才。研究院在短短三年时间，研究成果丰硕，影响力显著提升，这与学校的支持、核心团队成员的热忱和努力付出是分不开的。除了翻译实践，研究院每年都会开展专业调研。研究院所做的公共政策调研报告三次获得中央领导人批示，建议得到重视和实施。研究院由校领导牵头，在全国高校首创习近平思想课程，做到教学和研究的和谐统一。

张颖表示，年度公共政策翻译国际论坛和大师工作坊（线上单场点击量最高2.5万人次）两年出版7本书，马上还要出版6本，涉及公共政策翻译、论坛论文集、习近平外交思想翻译等，以及推动相关人才培养建设等。

因英语成绩突出入选外交部“中国翻译的国家队”

每天八小时以上笔译的入司“魔鬼”训练，公派出国攻读硕士学位，陪同领导人出访，足迹遍布地球上数十个国家……对于普通人而言，给领导人当翻译很神秘，但他们不知道，这绝非易事。1993年毕业于南京外国语学校的张颖被保送至北京外国语大学英语系翻译倾向专业学习。大学是知识的海洋，也是学生从象牙塔走向社会的最后一站，是社会与校园的结实纽带。大学生活给张颖的英语世界增添了更斑斓的色彩，也让她的生活更加充实紧张。

回忆四年大学生活，她说：“我很幸运，大学阶段遇到了很好的老师，浸润在一个积极向上的学习环境中。受益最大的是认识到无论学习或工作必须有细致钻研的态度，囫囵吞枣、不求甚解做不好翻译。同样，翻译学习没有终点，没有捷径，我的导师张载梁老师曾说过，翻译学习就像训练打乒乓球，一个句型表达需要演练 N 多次，做到内化于心，上场才有信心和底气”。

作为北外优秀毕业生，张颖 1997 年进入外交部，通过选拔考核进入翻译室从事英文口笔译工作。“我去外交部本来是希望从事多边外交工作，比如和联合国、人权等方面有关的工作，当时信息渠道也不发达，竟然不知道那里还有一支翻译的国家队。直到上班前一个月被翻译室请去‘座谈’，才感觉不像在座谈，而是在面试。后来才知道是因为英语成绩比较突出被翻译室‘截留’了。”张颖回忆说。

外交部翻译司（前称翻译室）是外交部一个特殊的业务司。新中国成立以来，从翻译队，到翻译处，再到翻译司（室），规模不断壮大，已形成了一支拥有英、法、西、葡等语种近百人的翻译骨干队伍。这个队伍主要从事领导人对外重要讲话和重要外交文件、文书的笔译，领导人重要外事活动和重要国际会议的交同传口译工作。外交部翻译司被誉为“中国翻译的国家队”。

在多数人的印象中，一进入翻译司意味着就要经历“魔鬼训练”。半年的强化培训很艰苦，很多知识技巧都是全新的，需要迅速消化吸收，稍微懈怠一点，第二天的内容又压上来了，所以需要不断改进学习方法，提高效率，苦读加巧读并重。对于这段艰苦紧张的学习经历，张颖直言：“这种训练也是对意志和心理的有益磨炼，集体练习和测试让你不得不正视自己的盲点和差距，去掉‘尖子生’的骄躁之气，脚踏实地，一点一滴地打基础，磨性子。当时训练班 6 个人，没有一个喊苦喊累，大家都很珍惜来之不易的学习机会，培训结束后每个人的专业水平都有了突飞猛进的提高。”

翻译是好演员，但是永远是配角

“我在外交部从事的是外交翻译工作，这是一项政治性和专业性高度结合的工作，就是要践行周总理关于外交翻译‘站稳立场、熟悉业务、掌握政策、严守纪律’这十六字的箴言。在外交部，翻译和其他人一样都是外交官，每天都在从事讲好中国故事、扩大外宣效果的工作。”很快适应外交部翻译室工作节奏的张颖坦言。

张颖 2003 年起承担党和国家主要领导人重要出访、出席重要国际会议和与来访外国元首及政府首脑会谈会见的交、同传翻译工作。此外，她还承担多位外国元首和政府首脑访华随身翻译工作。多次圆满完成全国“两会”和党代会记者会、国务院和外交部新闻发布会、北京市抗击非典新闻发布会、朝核问题六方会谈、中印边界谈判等重要敏感活动的口译任务。她口译一线实践经验丰富，专业水平和工作成绩得到了各级领导的肯定。

有人说，“翻译就像一只美丽的天鹅，它的上半身，永远都是亭亭玉立，妩媚动人，而你看不到的下半身，则在水中不停地扑腾。”对于普通人而言，给领导人当翻译是很风光，也是很神秘的。作为一位一直在翻译一线上努力工作的资深译员，张颖说，“翻译不仅是克服语言障碍的工具，更是文化沟通的桥梁，要熟悉本国历史文化，也要熟悉并尊重对方国家文化，做到译文入耳入心。翻译是好演员，但是永远是配角，其最高境界就是没有人注意到他们的存在。”

政治敏感性是外交翻译的生命

从 1997 年开始，二十年的外交部翻译生涯，她陪同主席、总理等国家领导人重要双边出访数十次，出席联大等数十场重要多边国际会议和参与接见五十余位来访外国元首及政府首脑等活动；并参与深度重要敏感问题谈判及外交部各司局重要议题双、多边磋商，拥有着外交翻译官丰富的视野和阅历。

因为服务对象的原因，外交翻译政治素质要求更高，因为代表的不是个人，而是国家利益。谈及从事这份工作以来的体会，她说，最大的感受就是政治敏锐性是外交翻译的生命。资深外交翻译家施燕华大使曾说过，“外交口译人员，对于什么是国家的核心利益，怎么表态，哪些关键的词要特别注意，都应该有底”。外交翻译身处外交一线，必须讲政治。这一点把握不好，即使语言能力再强也难以胜任，甚至有可能造成外交事故。讲政治包括很多方面，比如政策理解上要做充分准备，活动前要深入了解会谈主题、国家概况、各方立场、事件沿革等，大到官方表态，小到外方头衔，只有准备时做到“心中有数”，真正上场时才能做到“得心应手”。

张颖讲述了一个出访时的小花絮：“记得多年前在一次出访的国宴上，落座后外方元首走到长条桌尽头的讲台致简短的祝酒词，我坐在胡主席身后，忽然发现胡主席的酒杯还是空的，又找不到服务员。眼看对方就快结束发言，过来敬酒。我们常说外交无小事，元首外交更是如此，如果出现对方领导人端着酒杯，而主席的酒杯还是空的，就有可能成为一个尴尬的'礼宾故事'，我坐的位置又比较显眼，如果在对方领导人发言时离席去找礼宾官会显得不太礼貌，于是就赶紧写了张纸条，递给了坐在主席身边的李肇星部长，李部长经验非常丰富，看到内容后立刻把自己的酒杯和主席的对调了，这时外方领导人正好来到主席身边，一场小尴尬就这样无声地化解了”。

这些出访时的小插曲，提醒着译员要想完成好工作，除了语言扎实、博闻强记，还要处变不惊、有较强的抗压和协作能力。所以说做外交部的翻译，不能是一个机械的翻译，也不纯粹是语言精通就可以的，而是对一个人综合素质的考验。

张颖在 2000 年 3 月至 8 月赴比利时布鲁塞尔欧盟总部参加高级翻译培训项目，参训期间因成绩优异被欧方选定为朱镕基总理访欧期间欧盟外交关系委员彭定康专职译员；2001 年 8 月被选派至美国蒙特雷国际研究院留学，成为该学院接收的首名中国外交部留学生；2002 年 6 月以优异成绩提前一年毕业，获会议翻译专业硕士学位。

“欧盟总部是同传使用语言最多的机构，而美国蒙特雷高级翻译学院在国际翻译界久负盛名，教学理念先进，师资队伍强大。”张颖从内心感谢这次培训，“我很幸运在这两个机构都接受了专业训练，在翻译的细节和方法论上得到提高，如欧洲人很重视眼神接触，认为这有助于翻译和服务对象的沟通配合。蒙特雷十分重视翻译实践，学员可以参与校内各主题论坛的翻译工作。在那里不仅能学习翻译技巧，还可以学习很多其他方面的知识，补充自己的短板，比如他们的防核和生化武器扩散研究部门在国际上就非常有名。”

英文翻译的多面手

张颖 1997 年开始从事英文笔译工作，2006 年开始承担笔译审稿任务，完成国家领导人重要讲话、我国重要对外政策宣示等大量政治外交类稿件的笔译核改工作。她独立完成郑必坚《中国和平发展和创建和谐世界》一书英文翻译工作，该书英文版已由人民出版社出版。

2014 年担任会议翻译司会议翻译处处长以来，她除继续从事英文口笔译工作外，还负责统筹大型活动翻译协调和外交部同传翻译能力建设工作。带领翻译协调保障组圆满完成习主席出席“一带一路”国际合作高峰论坛、厦门“金砖”领导人会晤、G20杭州峰会、北京 APEC 峰会、“9.3”纪念活动、博鳌亚洲论坛、世界互联网大会等重大外交活动涉及几十个语种数百名中外译员的翻译协调保障任务，为翻译司多次获得大型活动外交部集体三等功嘉奖做出重要贡献。

此外，张颖还积极投身高级翻译培训工作，牵头制定《外交部翻译司英文同传译员工作规范》和高翻同传培训计划，建立百度云多语种同传培训资料库，目前资料库收集整理各类音视频培训资料近 700 份。2016 年开始联合相关部门每年定期举办外事翻译同传培训班，邀请业内顶尖专家和一线业务骨干传授同传理论知识、训练方法和实战技巧，两年来培训学员近百人，效果获得各方好评。

张颖近些年积极参与中国译协、外文局教育培训中心、地方外办、外研社及各大高校的翻译讲座、授课、比赛评审和业务交流工作，努力发掘和培养高级翻译人才。

谈及国内高翻人才现状，张颖说，好苗子不少，教育背景更加广泛，无论是学校还是用人单位都需要更早介入，抢抓苗子。随着人工智能的发展和同传应用的普及，翻译专业面临的挑战也会更加严峻，机遇也在增加。翻译人员本身也需要全方位发展，如参与重大活动的翻译组织协调工作，和方方面面的人打交道，锻炼统筹、沟通、应变等能力。

随着中国发展水平和国际地位的迅速提升以及中国特色大国外交的不断推进，国际社会对中国的政治制度和内外政策关注空前热烈。

张颖说：“出于职业需要，翻译往往是我国重大政策对外表述最认真的读者，必须读懂、吃透，怎么能以己昏昏使人昭昭？”

她最后借用十九大报告英文高级定稿人、翻译室前主任、也是二外高翻学院客座教授陈明明大使的话——政治文件的翻译是一种解码过程（decoding experience），其翻译原则最重要的一条就是“准确性第一位，兼顾表达灵活性”（be as faithful as necessary，and be as free as necessary），与时俱进，同时把握中外文化差异。做好此类翻译，需要前期大量的积累，精准的语言辨析能力和跨文化的思维模式，唯此才能讲好中国故事，传播中国形象，抢占国际话语权。

“我想赶快完成翻译，让国际社会早点听到来自中国的声音”

2020 年初的新冠肺炎疫情牵动了世人的目光，成为世界舆论焦点。2 月 24 日，十三届全国人大常委会第十六次会议表决通过了关于全面禁止非法野生动物交易，革除滥食野生动物陋习，切实保障人民群众生命健康安全的决定（以下简称“决定”）。细心的人会发现，决定出台后，全国人大英文官网头条很快就刊登了英译文。令很多人想不到的是，这次英译文的版本是由北京第二外国语学院中国公共政策翻译研究院执行院长张颖教授和团队专家们用了两天时间翻译提交的。这也是北二外重大翻译成果第一次登上人大官网。

新冠肺炎疫情来势汹涌，作为抗击疫情的重要举措，全国人大常委会通过了上述决定，受到国内外高度关注。对于这个决定，有关专家表示，在相关法律修改之前，先及时明确全面禁止食用野生动物，严厉打击非法野生动物交易，为打赢疫情阻击战、保障人民群众生命健康安全提供了有力的立法保障。

如何把中国抗击疫情的决定和决心让世界早点听到？决定刚刚出台的第二天清晨，北京第二外国语学院中国公共政策翻译研究院执行院长张颖教授在研究院专家提议下，立刻决定开始着手翻译。“在人大官网看到这条新闻，我认为这是一个非常重要的文件，并且具有法律意义。中国抗击疫情的举措近期引起国际社会高度关注，我觉得研究院可以先做出来，作为二外人，服务中央，为抗疫做贡献。”张颖说。

从看到全国人大这一决定内容的兴奋激动，到冷静沉淀下来动手去完成翻译初稿，张颖花了整整一天时间。对于如此重要且涉及诸多专业术语和词汇的翻译语料，一天的时间可以说是闪电速度了。张颖说，前期研究院的张蕾老师帮忙搜集整理了文中涉及的专业术语和词汇，这对于高效迅速完成翻译无疑助力不少。

作为长期从事政治文件翻译的资深翻译工作者，张颖拥有二十年丰富外交翻译履历。尽管是翻译界的一名老兵，张颖完成翻译初稿后仍然不放心，向研究院的中外专家征求意见和建议。“中央编译局专家童孝华老师和中国公共政策翻译研究院执行院长鲍川运教授，对译文提供了具体专业的修改意见，部分术语翻译我们和研究院中外专家一直研讨到上网前最后一刻。”张颖说。

听取中外专家意见，几经研讨、商榷、修改后，张颖将该决定的英译文提交给全国人大法律工作委员会。全国人大法律工作委员会认为此文非常重要，将北二外提供的英译文版本立即上报，并刊登于全国人大英文官网头条。

“决定的英译文提交给全国人大法律工作委员会后，全国人大专家组对英译文进行了把关、审核，同研究院专家团队保持密切沟通，这给最终英译版本赋予了集体智慧的意义。”作为全国人大法律工作委员会法规翻译专家委员会专家，张颖始终参与修改、审定，度过了疫情发生后又一个忙碌、难忘的一周，全国人大相关部门肯定了研究院对政策的敏感和专业的翻译水平，也肯定了北二外中国公共政策翻译研究院在抗击疫情中所做的贡献。

疫情发生时正是学校寒假期间，作为中国公共政策翻译研究院（首都公共政策翻译研究中心）执行院长的张颖一直在从事全国人大、司法部等各种法律、法规的翻译研究和公共政策翻译工作。作为 2019 年 7 月成立的研究院，成立之初就被寄予厚望。外交部翻译室前主任陈明明大使在成立仪式上曾表示，在当前我国对外宣传环境较为严峻的情况下，公共政策的翻译迫在眉睫。陈大使认为要聚焦重要法律法规的翻译，突出首都特色，以需求为导向，为主要服务对象提供优质译文。中国公共外交协会副会长罗林泉亦表示，中国公共政策翻译研究院的设立，响应和践行中国领导人强调的“讲好中国故事、传播好中国声音，向世界展现真实、立体、全面的中国”的方针，是值得全社会肯定和支持的。

短短时间里，中国公共政策翻译研究院推出《公共政策翻译》系列，提出《做好公共政策翻译，提升首都营商环境》的咨政建议，获得北京市主要领导批示；完成《2020 年北京市政府工作报告》英文版翻译，获得各方好评；一批又一批翻译成果陆续出炉，包括北京市副中心城市规划等重要文件的中英文对照版。研究院及时、准确对外翻译国家改革发展各领域和北京市落实“四个中心”功能定位过程中经济调控、社会管理、民生福利等各领域公共政策，对于国际社会及时、具象了解中国国家与社会治理方法、理解政府执政方式具有重要意义。

“我觉得全国人大出台这个决定非常必要和及时，体现了党和国家抗击疫情，以民为本的担当和决心，呼应了人民大众的心声，我们应该用行动来支持这个决定，让更多的人了解它的意义。”张颖说。

（作者：唐恩思）

16. 魏启荣：为十九大担任同声传译是一种怎样的体验？

BISU **人物时光纪**：魏启荣，北京第二外国语学院中东学院副院长，阿拉伯语哲学博士，教授，硕士生导师，毕业于苏丹双尼罗大学文学院。先后被评为北京市优秀思想政治工作者、北京市青年教学名师、北京市优秀共产党员，是北京高校优秀本科育人团队——阿汉高级翻译本科育人团队带头人。连续五年为央视阿拉伯语频道“两会”直播担任阿拉伯语同传译员，并先后为“纪念中国人民抗日战争暨世界反法西斯战争胜利 70 周年阅兵式”“2017‘一带一路’国际合作高峰论坛”“博鳌亚洲论坛 2016 年、2017 年年会”“2015 年、2019 年中阿博览会”“2020 年春节联欢晚会”等重要会议及晚会承担阿拉伯语传译工作。曾为埃及总统阿卜杜勒·法塔赫·塞西、也门总统阿卜杜·拉布·曼苏尔·哈迪、时任科威特埃米尔（国家元首）萨巴赫·艾哈迈德·贾比尔·萨巴赫担任阿拉伯语翻译。截至目前，完成各级别会议的阿汉交替、同声传译近百场。作为央视阿拉伯语频道嘉宾，完成《对话》《中国与中东》等栏目直（录）播共计 74 期。出版专著、译著、教材 6 部，发表学术论文 20 余篇。主持国家社科中华学术外译项目“中国共产党少数民族文化建设研究”、北京市哲社科青年项目“北京牛街文化旅游资源开发研究”、教育部一般项目“‘一带一路’沿线国家文化特性及开展人文交流可行性研究”，参与省部级项目“习总书记外交思想多语种语料库”建设、国家社科重大项目“阿拉伯史学经典《历史大全》的汉译与研究”及北京市哲社科一般项目“情景感知技术在小语种语言学习中的实证研究”等科研工作。

10 月 18 日清晨，魏启荣的闹钟响起时，窗外天光还未亮。因为前一晚睡得安稳，虽然此时还不到五点，但魏启荣已经精神饱满地起床整理行装，准备从二外出发，乘坐快速公交2号线前往中央电视台，参加党的十九大对22个阿拉伯国家直播的同声传译工作。

清早的交通很顺畅，六点钟刚过，魏启荣到达了央视。作为与央视阿拉伯频道有长期合作、参与过多次重要会议同传工作的魏启荣，仍然不敢有丝毫马虎，迅速将自己调整到最佳状态。

3小时24分28秒 同步传递“中国声音”

每逢重大会议，魏启荣都会与央视阿拉伯频道的另一位高翻进行合作，提前安排好任务分工，熟悉稿件。但这一次，当与十九大相关的80页翻译稿件拿到手里，留给魏启荣和搭档来翻看的时间已极为有限。很快，魏启荣将身上的通信设备拿出，进入了阿语同传间开始试音。

“传译这一行，不仅需要智力，更需要体力、耐力。”进入同传间，就意味着完全的投入与封闭，会议期间不允许离开一步。意识到即将面临的会是一场硬仗，魏启荣将一瓶水放在距离自己较远的位置，不到万不得已时不动，并调整好心态，悉心关注着会场情况，静静地等待会议的开始。尽管曾参与过“全国两会”“一带一路高峰论坛”等重要会议的同传工作，此时看着十九大会场里庄严隆重的景象，这位身经百战的同传“老将”内心仍荡起了激动、兴奋的波澜。

上午九点，会议正式开始。习近平总书记的声音一响起，就通过信号被同步传译到了世界各国。此时的魏启荣也在专心地感受、揣摩着搭档的翻译，以求保持两人翻译术语、语速的前后一致。直到9时19分22秒，魏启荣开始了十九大的首译。“只要进入工作状态就是全神贯注、高度紧张的，完全会忽略身边的一切。”

精准应变 译出“话外之音”

在同声传译的过程中，魏启荣需要时刻关注习近平总书记的表情动作，并对现场情况及时反应。“要尽量与总书记的讲话速度保持一致，即便有时会因为缩略语翻译因素等造成表达速率的差异，也要尽快做出合适的调整，跟上总书记的节奏。如果与会者鼓掌，要尽快精准地完成上一句的翻译。”

会议中间有很多次的鼓掌，每到一个鼓掌节点，作为翻译的魏启荣情绪也会跟着波动。当总书记谈到住房等全民关注的焦点问题时，全场的党代表们会用掌声回应。“作为译者，听到这些话其实也很激动，但翻译的时候仍需要镇定、平稳。”

魏启荣说，在同传的过程中遇到自己陌生的词汇是很正常的，与讲话者速度合不上的问题也可能出现。有时候，讲话者的语速较快，或者使用的缩略语较多，上一句话还没有完全翻译完，下一句话就开始了。这些就要考验翻译的语言功底和临场应变、精准定位能力。

“阿拉伯语属闪含语系的闪米特语族，汉语属汉藏语系的汉语族。”魏启荣解释说。阿拉伯语主要是用词本身的形态变化来表示词的语法关系和词在句子中的语法作用，属于综合语；汉语则是用词序和辅助词等词外手段表示语法意义，属于分析语。“在用这两种语言互译之前，应该对它们的语法差异有完全的、正确的了解，才能保证翻译的准确性。”

给学生最鲜活的课堂

星期一早上 7 点 50 分，魏启荣就已经走进了人文楼 533 教室，准备开始大三年级的翻译理论与实践课程。铃声响起，她面带温和的微笑，回顾上堂课的知识：“同学们还记得上一节课我们学习的几种翻译方法是什么吗？”

目前，魏启荣在二外教授本科学生的翻译理论与实践、口译课程与研究生的翻译理论与实践、同声传译课程。在魏启荣的学生眼里，她的课堂生动有趣，总会包含大量新鲜的同传实例，让他们收获良多。阿语 2015 级的杨光说：“魏老师人超好，还很幽默，会跟我们分享她自己的翻译心得，也包含一些翻译的趣事。”因为阿语教师的工作和传译这一行有紧密的联系，魏启荣用过的传译资料，只要没有保密要求的就会给学生看，“让他们看到最鲜活的东西，知道现场翻译是怎么一回事”。

同时，魏启荣会将自己的翻译经验总结出来，不断改革、更新自己的教案，将之运用到教学当中，这也获得了学生们的认可。“当学生们出去考试、面试回来，反馈说我教的东西真的派上了用场，我会很开心。”了解到自己的课程真正适应了学生们的需要，魏启荣觉得很有成就感，在她看来，这也正是她做同传工作带给课堂最实用的内容。

每天50个新词　十九大同传背后的“厚积薄发”

魏启荣接到要去十九大做同传的通知大概是半个月前，但在接到通知前，她已经早早开始了准备。“因为很喜欢口译，并且和央视长期合作，我并不知道自己会接到一个什么样的任务，就随时做好被召唤的准备。”

每天听阿语广播，看阿语翻译相关的文献和订阅号是魏启荣的日常习惯，在得知自己被委任十九大同传的工作后，魏启荣更加大了自己学习的强度。“我回顾十八大的报告，去图书馆查阅相关资料，尤其是留意十八大以后至十九大之前，几乎所有的关于政治领域的专业术语。这部分是非常大块头的工作。”魏启荣说，这一部分的内容在她平时的教学过程中也会涉及，平日里自己也会主动去背。“每天记50个见到的新词是很正常的状态。”

她通过阅读新华社、人民日报阿拉伯文版的网站、客户端等了解新词汇，比如“八项规定”“老虎苍蝇一起打”等非常具有中国特色的表达。也正是因为这样的日积月累，在十九大的同传过程中，魏启荣才能游刃有余，发挥出自己的最佳水平。“当自己背后下了功夫，对自己的能力和工作有了信心，在面对那么多人的评说时，才会有定力、有胆量一次又一次接受翻译任务。”

情生外语　结缘翻译

在魏启荣看来，自己能够将同传工作做好的秘诀就在于热爱，热爱阿语，热爱翻译，更热爱同传。

魏启荣的家乡在内蒙古满洲里，初高中都在学习俄语，高考后，却选择了二外阿语专业作为自己的第一志愿。当时的魏启荣对阿语和阿拉伯国家文化几乎一无所知，只知道自己想要尝试新的语种，开学后，她却有点“蒙”了。

“第一次上阿语课后，班里好多女生都哭了，我们之前并不了解阿拉伯语，低估了它的难度和复杂性，尤其是一个字母加上不同的发音符号后有13个发音。”回想起初到大学的模样，魏启荣有些哭笑不得。但最终，班里十九个人都坚持了下来，“当时大家都拿出了高考的劲儿来学习”。

大二时，魏启荣获得国家奖学金，去埃及留学十个月。到埃及后，魏启荣感觉到自己在阿语学习方面有漫长的路要走："当地的广播听不懂，报纸那么多新单词，心里会有落差。"发现问题后，魏启荣开始主动弥补，每天读报纸、背生词。"读过的第一张金字塔报，在标注了密密麻麻的单词注解后，整个报纸版面已经面目全非。在埃及努力学习了十个月之后，听力和语言表达能力提升效果还是非常显著的。"

毕业后，又留学苏丹硕博连读，她说自己不愿意放弃努力四年的阿拉伯语专业。对于学习外语的人来说，感受当地的语言环境对培养语感、了解当地人的传统习惯和思维方式很有帮助。

能够成为翻译对于魏启荣来说是一个意外收获。"在国外学习时，我经常会扮演翻译的角色，国人有需求，我可以充当沟通的桥梁，慢慢觉得通过翻译可以解决很多人的困难，很有意义。"渐渐地，魏启荣开始越来越多地接触翻译工作，2008 年底回国之后，院系也会经常安排她在一些外事场合里做翻译。"能做到现在，真的很感激学校给我提供的各种翻译机会。"

在二外初识阿语，热爱阿语，然后再次回归二外的阿语课堂，将阿语传译与教育作为自己一生的事业。"自己每次接受同传工作，代表的不仅是自己，更是学校的荣誉。"魏启荣觉得肩上的担子沉甸甸的，有分量，更有温度。也正因所肩负的责任感，她更加注重自己翻译的质量，不断追求突破，提升专业能力。

未来，带着这一份对教育、翻译事业的纯粹热爱，魏启荣必将不负初心，砥砺前进，书写事业与人生新的篇章！

10 月 24 日，十九大闭幕，魏启荣再次坐到央视阿语同传间，用阿语同声传译十九大闭幕内容。

（作者：张鑫尧　冯赛琪　　指导教师：唐恩思）

17. 陈发家：三尺讲台就是他的“魔幻舞台”

BISU 人物时光纪：陈发家，北京第二外国语学院英语学院副教授。2005 年考入北京第二外国语学院商务英语专业硕士研究生，2008 年留校任教。他被病痛折磨十余年，有时一天疼痛多达十余次，发病时头疼如同电击，却仍然坚强站立在讲台上。他会在英语课上讲“四书”，会在六一儿童节给学生们发糖。他凭借优良的德行和细致的教学工作，获得北京第二外国语学院 2014—2016 年度“师德荣誉”称号、北京第二外国语学院 2017 年度十大人物提名奖。

每周三早上八点，作为北二外英语学院教师，陈发家都会准时站在知行楼 408 教室的讲台上，为大一学生讲授大学英语精读课。

从 2008 年硕士毕业留校至今，只要在上课状态，他永远充满激情。从他走进教室的那一刻，这三尺讲台好像瞬间转换成一个属于他的魔幻舞台，每节课都被演绎成他和学生们的主打歌。

向忧烦说“再见”

走出教室，没有学生知道，刚刚三十九岁的陈发家老师饱受脑部胶质瘤病痛的折磨已达十年之久。

这些年，他忧虑过、失意过、绝望过，在工作之余辗转于各大医院寻求治疗，病情并未得到缓解。2010 年 12 月，经医院初步检查，核磁影像显示胶质瘤可能性很大，陈发家不得已请了半年假去四处求医问药。“每次发作的时候，脑部好像受到强烈电击一样，睡觉的时候、上课的时候，甚至在睡梦中都会有。每次发病的频率也越来越频繁，有时候一天达 12 次之多。”陈发家无奈地说。

“发现这个病以后，大概有大半年的时候是最郁闷的。我经常看美剧《生活大爆炸》，让自己放松心情，笑一笑。”陈发家说。虽然病情日益严重，但是离开心爱的讲台更让他心有不舍。重返讲台后，他的心境也如同历经凤凰涅槃后的重生，变得更为平静乐观。

病痛曾经带给他无尽的烦恼和惶恐，每当这时，他常常以一篇名为《青春》的英文美文中的一句话激励自己：“Worry，fear，self-distrust bows the heart and turns the spirit back to dust.”（忧烦、惶恐、丧失自信，定使心灵扭曲，意气如灰。）这篇有着心灵鸡汤般抚慰作用的文章他也常常布置让学生们背诵：“与其苟延残喘，不如从容燃烧。”他说，上课时的满足感、和学生们交流时的成就感，让他感觉病顿时好了一半。

“教研室的一股清流”

陈发家于 2005 年考入北京第二外国语学院商务英语专业硕士研究生，优异的学习成绩让他于 2008 年顺利留校工作。在很多人眼中，他是一个标准的“文科生”，可就是这个文科生，常常主动给教研室的同事们修电脑。只要办公室电脑出现故障了，大家都会想到陈发家。“教研室的电脑基本上他都修过，他特别善于钻研，这种钻研精神让他迅速学会很多非专业领域的知识。”英语教育学院党支部书记崔丽莉说。

也有很多人称他为“教研室的一股清流”“他带给我们的都是正能量。”除了平时生活中的热情诚恳，陈发家于 2016 年在美国北亚利桑那大学访学期间，花了半年时间给教研室的同事们找与英语教学相关的各种资料。进入“互联网 +”时代，陈发家通过微信、微博和 QQ 等网络通信工具，分享他在美期间的课堂感受、教学模式、收获心得以及中美英语教学差异等。

“我其实从 1990 年开始接触英语，教学也有十五六年的时间了，我特别想知道美国课堂是如何组织教学的。这次学校派我参加这个师资培训班，给了我一次零距离体验美国大学教学实践的机会。我觉得他们的教法，我们二外也在做，只是在培养学生的学习自主性方面他们还是更强一些。”

做有耐心的“倾听者”

每年秋季开学之后，陈发家都会讲一篇文章，那就是培根的《论读书》。“我觉得这篇文章越读越有味道，文章里讲了为什么读书，读什么书，告诉大学生进入大学要做什么事。”陈发家解释说。

他会在精读课中挑选课文中的一两段内容，让学生背诵。“你背一两段，我听，如果你全部背下来，我随时恭听。”陈发家认为对大一新生要求一定要严格，基础才能打得扎实。

每到课间，教室外面会出现学生们排着长队给陈老师背诵课文的情景。“我以前教过一个酒店管理专业的学生，快毕业时。她高中时期英语成绩并不是很好，我布置的课文，她基本上每篇都背，专业四级成绩出来后她的成绩很好，差一分就是优秀。这位学生现在对英语充满信心，正在为出国留学准备雅思考试。”听学生们背诵英语，陈发家认为可以找出学生们存在的问题，如发音、断句等。做一个倾听者，这需要时间，更需要耐心。

每年秋季给新生上课前，陈发家必做的一件事就是去查查学生们高考英语考多少分，根据他们的英语水平高低，因材施教，布置更有针对性的学习任务。

“每天下课的时候，听到学生们跟我讲‘再见’，我心里特别开心。做老师最大的认可来自学生，不是学校的荣誉和领导的表扬。”陈发家说。

做马克思主义的“传道士”

在美学习期间，每天跟来自祖国各个学校的教师一同学习交流。为了方便交流业务和思想，陈发家组织建立了“如家山巅”的微信群，群里有英语不太好的教师提出想跟他学英语，陈发家组织了英语角，用英文讲了两轮培根的《论读书》和《青春》，久而久之，大家都把微信群称作“发发学堂”。“老师们经常在群里聊如何提升课堂效果，把每个人近期读过的书分享，也会在群里约着一起去健身房，打打台球，还是非常充实的。”陈发家说。

来自陕西宝鸡某大学的赵晓荣在微信中写道：“常常想起在HILLTOP听发发老师讲《论读书》，真是受益匪浅。”

一边要兢兢业业地传道授业解惑，一边要花费时间和金钱治病吃药，同时负担着远在家乡年迈父母的生活，还有北京妻儿的生活。面对生活的重担，陈发家唯一的担心就是父母和幼小的儿子。“父母才六十多岁，我没告诉他们真实的病情，免得他们担心。我现在除了教好书，就是想给父母养老送终，慢慢陪伴我儿子长大，陪妻子一起老去。‘天行健，君子以自强不息。’我希望再多给我一些时间，我还有很多事情要做。”

（作者：唐恩思）

18. 董杨：从中国到巴拿马　漂洋过海搭起中巴文化桥梁

BISU 人物时光纪： 董杨，北京第二外国语学院欧洲学院副教授，主要研究计算语言学、商务西语、拉丁美洲国家国情等领域。曾参加一系列重大项目，如2011年最高人民检察院检察理论研究重大课题《宪法文本与检察制度》、2015年度最高人民检察院检察理论研究重大课题之欧洲、美洲国家刑事诉讼法与刑事诉讼制度研究、中国外文局翻译研究院重点课题：中国传统经典文化对外翻译与国际传播调研报告、2016年国家社科基金项目《"当代中国"丛书》等。负责中国外文局重点课题之《供给侧改革与中国经济转型》一书的翻译。撰写专著《普通话自然语言语料库的制作及其在西班牙语母语者第二语言教学中的应用》；编写了全球首本建立在自然语言语料库基础上的《汉语自然语言教程》等。2018年3月，董杨赴巴拿马大学孔子学院任中方院长。

2018年3月，作为国家汉办派出的巴拿马大学孔子学院中方院长，北二外欧洲学院西班牙语专业教师董杨来到中美洲最南部的国家——巴拿马。由北京第二外国语学院和巴拿马大学合办的巴拿马大学孔子学院是截止到目前，中国在巴拿马建立的唯一一所孔子学院。

12月2日至3日，中国国家主席习近平对巴拿马进行首次国事访问，董杨带领孔院全体中方教师参与了此次国事接待活动，因为出众的工作能力和外语水平获得中国驻巴拿马使馆的肯定和表扬。12月，董杨带领孔院承办了"2018中巴一带一路发展智库论坛"。董杨将阳光般的热情挥洒在这个充满热带风情的国家，用二外人的热情与真诚赢得了赞誉和掌声。

初到孔院，一切从零开始，从心开始

2017 年 9 月 17 日，在巴拿马总统巴雷拉和中国外交部长王毅的共同见证下，由北京第二外国语学院和巴拿马大学合办的巴拿马大学孔子学院的揭牌仪式在中国驻巴拿马大使馆举行，北京第二外国语学院党委书记顾晓园和巴拿马大学校长艾德华多·弗洛尔斯共同为巴拿马大学孔子学院揭牌。

2018 年 3 月，作为国家汉办派出的巴拿马大学孔子学院中方院长，北二外教师董杨到巴拿马大学孔子学院赴任。她面临的现状是：教师要 8 月才能到岗，孔子学院教室装修尚未完工，年度预算申请程序尚未完成，开展工作困难重重。“当时的一切工作就是我们中外方院长两人完成的，我们两人在当时的角色就是集保洁、秘书、财务、招生宣传、活动筹划人、活动实施人等众多角色于一体，除此以外，我还有教师的角色。”董杨说。

面对困难，董杨与外方院长巫俊辉从零开始，走访了巴拿马全国所有的公立大学和部分中小学。经过九个月的沟通与谈判，实现了孔院教学点对巴拿马所有公立大学和部分中小学的全覆盖。这些学校纷纷将汉语纳入必修、选修或课外课程，使得孔院教学点在巴拿马遍地开花，成为当地传播中国语言文化极具影响力的窗口。“我们一直在马不停蹄地走访各个学校，进行各种会谈和谈判。当我们谈下公立大学最后一家——巴拿马科技大学，实现了对巴拿马所有公立大学的全覆盖时，我和外方院长非常开心。这个过程确实很不容易。”

谈及孔子学院初创时的情形，董杨说，当时孔院里还什么都没有。咱们二外的孔子学院管理处给了我们很多支持，小到办公文具，大到演出用的龙和狮子，国际交流与合作处聂鑫老师那里都给我们邮寄过来了。从那个时候到现在，每次收到二外的包裹，感觉就是“娘家有人，心里不慌”，大家就很开心，很欢乐，会很兴奋地念叨“母校让我依靠”。

尽心尽力做好每次文化交流活动

孔院校址就在巴拿马大学校园内。它的成立为当地民众学习汉语、了解中国文化提供了宝贵平台，有效助力巴中文化交流。

董杨说，从筹建开始，当时对孔院的规划就是：广泛建立教学点，实行统一规划、统一管理、统一排课、统一安排所有教学点的汉语教学。这种统筹规划的效果是立竿见影的。巴拿马的汉语教学工作开展得非常井然有序。我们采取统一收费，再用学费来维持我们开展的所有文化活动，这样确保了孔院强有力的“自我造血”的能力。

参与孔院的各种管理工作，对于长期从事西班牙语教学的董杨来说还是很新鲜，也充满挑战的。“我们在派出之前，所有中方院长都必须参加汉办组织的为期一个月的集训，只有考核合格的院长才可以派出。很多优秀的院长现身说法，给我们讲述了他们的经历和经验。那个时候其实我已经形成了一些对赴任之后如何开展工作的想法。赴任之后，越发觉得这个培训特别有必要。”

12月2日至3日，习近平主席对巴拿马进行首次国事访问，在巴拿马再度掀起“中国热”。围绕着习主席的到访，巴拿马首都巴拿马城举行了一系列中巴文化交流活动。在这些活动中，总能看到巴拿马大学孔子学院师生的身影。董杨老师带领孔院全体中方教师参与此次国事接待活动。活动结束后，中国驻巴拿马使馆向国家汉办和北二外发来表扬信，表扬董杨和孔院教师们在习主席国事访问中的全力配合和在一系列繁重复杂的活动中体现出来的出色工作能力。

巴拿马大学孔院举办或参加了一系列的文化交流活动，例如：中宣部的“感知中国”展、“美丽中国”图片展等系列活动、巴拿马第三届国际自行车赛的文化展示和文艺演出、贸促会举办的“中国国家形象展”、黄莎莉中国风情作品展等，为增进两国人民的友谊发挥了文化桥梁的作用。“我们要求每位教师尽心尽力地完成每次文化活动。去年半年时间我们做了20多场文化活动，有的还是国际赛事，获得了大家的认可，让大家知道了，可以放心地把这些文化工作交给巴拿马大学孔院。”

巴拿马大学孔院加大推动巴拿马的简体汉字教学力度，严抓教师教学质量，创新教学方法，并计划在2018年召开全巴拿马汉语教学研讨会，编写一套适合巴拿马当地情况的教材。孔院有个初级班学生叫豪尔赫，他目前只能进行最简单的中文表达。他每天很早到校做准备，他表示：“中文是一种非常有趣的语言。通过学习中国语言可以在巴中两种文化之间搭起桥梁。特别是中国文化神奇而丰富，有很多值得巴拿马学习的地方。”很多中级班的学生已经可以用比较流畅的中文进行交流。一些学生表示，在孔院学习三个月，感觉比在外面学习三年还有效果。孔子学院已经成为中国文化“走出去”的重要窗口和平台。

2018年12月，董杨带领孔院承办“2018中巴一带一路发展智库论坛”，来自两国政界、学界、商界的200多位代表围绕推进中巴在政治、经贸、人文领域深入合作问题各抒己见、献言献策。

能为中巴文化交流尽一份力，感到很幸运

董杨毕业于北京第二外国语学院西班牙语专业。毕业留校任教后，她曾带领学生获得全国高校西语配音大赛、“永旺杯”西语全国口译大赛的国家级奖项。除了教学育人，她还参加了一系列重大项目，如2011年最高人民检察院检察理论研究重大课题《宪法文本与检察制度》、2015年度最高人民检察院检察理论研究重大课题之欧洲、美洲国家刑事诉讼法与刑事诉讼制度研究等。她制作了汉语自然语言语料库C-ORAL-CHINA；撰写了专著《普通话自然语言语料库的制作及其在西班牙语母语者第二语言教学中的应用》；编写了全球首本建立在自然语言语料库基础上的《汉语自然语言教程》等。

董杨曾荣获最高人民检察院检察理论研究所颁发的最高人民检察院检察理论研究重大课题《世界各国宪法》的荣誉证书、北二外师德标兵、北二外2016年校级教育教学成果奖、北二外2018年度十大人物等荣誉。

在巴拿马赴任期间，董杨还带领家人义务地承担了孔院设备维护、办公电脑检修、孔院不同自媒体账号的设计与建设、孔院部分后勤保障等工作，为巴拿马孔院的顺利建设和更好发展贡献了力量。她带领全家“心系孔院、奉献孔院”的精神在巴拿马孔院内被广为赞誉。

从北二外的教学课堂到参与巴拿马大学孔院的管理，董杨充分发挥了自己在专业领域的精湛技能，以饱满的热情为中巴友谊和文化交流奉献力量，培养语言人才，传播中国文化。董杨表示：“我的专业是西班牙语，能够运用语言为中国巴拿马文化交流做一点事情，尽一份力，真的感到很幸运。参与孔院的管理、教学工作以及举办丰富多彩的活动，让孔院学生对源远流长的中国文化有了深入了解，通过不同的文化艺术体验了解到真实立体、多姿多彩的中国。”

（作者：唐恩思）

19. 侯宇翔：翱翔之际，需要语言的翅膀

BISU 人物时光纪：侯宇翔，北京第二外国语学院中东学院院长，教授，硕士生导师。建立了“天天向上学习小组”的团队成长机制，开展了“三标一创”复合人才培养体系的改革试验，打造了“既要反哺日常教学，又能对接国家战略”的科研队伍。曾获北京市青年教师教学基本功比赛一等奖、北京高校优秀共产党员等奖项荣誉，入选北京市优秀人才、北京市属高校青年拔尖人才等计划。培养的学生中20余人考入国家部委、100余人公派出国留学、20余人获得学科竞赛国家级奖励。他主笔或参与撰写著作14部，论文10余篇，主持参与国家、省部级项目4项，主笔撰写的4篇咨询报告被中央有关部门和中央领导批示并采纳。

“我有祖国，我有母语，我的母语是热血一般的黄河的波涛，我的母语是群星一般的祖先的名字，我的母语是春蚕口中吐出的丝绸古道，我的母语是春鸟舌尖跳动的中国歌谣。”在北京第二外国语学院“中国梦·青年说”国际诗歌朗诵会上，这首由中东学院师生用阿语朗诵的诗歌《我有祖国，我有母语》获得了大赛一等奖。这首诗唤起了师生们对于祖国母亲深深的眷恋和热爱。中东学院的学生们把这首充满深情的作品的成功演绎归功于他们的指导教师、当时的中东学院副院长——侯宇翔。

侯宇翔是北二外中东学院一位年轻教师。在二外，他承担过阿拉伯语精读、语法等6门技能课和阿拉伯历史、阿拉伯伊斯兰文化等4门知识课的教学任务，收获了包括北京市教师基本功比赛一等奖、最佳演示奖、最受学生欢迎奖三项省部级奖励、校级青年教师优秀奖、校级教育教学成果奖、大学生创新创业项目优秀指导教师奖等在内的多项荣誉。小语种圈里有句话：“三百年的阿拉伯语”。更有甚者曾言：“学好阿语，没有一千零一夜的功夫，那就是天方夜谭。”虽不全然如此，但也道出了阿拉伯语学习的艰辛。勤奋、认真、追求卓越是他的特点；认真、严厉而又不失亲和力，是学生们

对他的评价。

阿语对我来说，就是爱我所选

侯宇翔在黑龙江大学读本科时选择了阿拉伯语专业。“阿语对我来说，就是爱我所选。选择阿语后，在高中读书时有些心高气傲的我心态一下子变得平和很多，开始全身心投入到阿语的学习中。”侯宇翔说。

很多人对学习阿语有畏难情绪，谈及如何克服学习阿语的困难，侯宇翔说：“阿语的难度实际上有一点被外界所夸大，其实并不是想象中那么困难。阿语对入学者门槛要求比较高，需要阿语学习者一开始就有良好的心理准备。我觉得阿语学习中至少有三个法宝在手，第一是坚定的理想信念，第二是一丝不苟的勤奋，第三是万事皆有用的博览精神。而很多人完成不了这门语言的学习很大程度上都是第二点不足，终归还是缺乏努力。”

2008 年，侯宇翔考入北京第二外国语学院阿语系攻读硕士研究生，师从张洪仪教授。“张洪仪老师不仅教授语言，从她身上，我还学会了站在正确的立场上从文化的高度把握阿拉伯文化和阿拉伯人。”

侯宇翔说，他由衷感谢母校二外给予了他很多机会，二外的平台让他在专业和实践方面更加精进。2009 年，他受国家公派赴沙特国王大学留学。而后，陪同中国作家代表团赴三个阿拉伯国家进行短期访问，又参与阿拉伯国家新闻媒体研修班的培训和翻译工作。“二外提供的很多机会让我幸运地完成了从理论到实践再到理论的再认识，读研期间做代课教师的经历也让我很好地了解了整个教学环节。”

2011 年，侯宇翔毕业后留校任教，做过北京第二外国语学院阿语系主任助理、副主任，后任北京第二外国语学院阿拉伯学院副院长。

对于留校教书，那是源于侯宇翔寄予母校很深的感情。“二外是一所又小又精致的学校，在教学方面也是精益求精，在外语的学习上能给学生提供更高的平台，这是很多综合类大学做不到的。而二外在这几年当中又在不停地尝试改革，给一代又一代的学子以期待，我也是满怀期待的一员。”侯宇翔说。

一支青年突击队的领头人

侯宇翔个头不高，衣着朴实，没有棱角的脸上总是挂着笑容。1985年出生的他站在学生堆儿里，很难分辨出他是一个有着多年丰富教学经验的教师。中东学院大多数都是他这个年纪的青年教师。

提起中东学院教工支部“天天向上学习小组”的创立，侯宇翔说最初是因为院里有几位青年教师要考教育技术等级证书，大家经常下班后坐在一起复习交流考试内容。学习小组成员全部通过考试的好消息，促使他把学习小组同时作为一个培养青年教师理想信念的平台，一个教师职业规划的平台和研究教学科研的平台。自此这个由青年教师党员和积极分子组成的“天天向上学习小组”，定期开展政治思想和专业技能的融合研讨，成为一支大家眼中“具有统一化育人理念和多样化业务能力”的高水平阿拉伯语青年教师队伍。

侯宇翔说，习近平总书记在全国高校思想政治工作会议重要讲话中强调，要坚持把立德树人作为中心环节，把思想政治工作贯穿教育教学全过程，实现全员育人、全方位育人。侯宇翔一直认为，统一思想是行动力最主要的推动力。青年教师是与大学生认知结构差距最小的群体，通过“天天向上学习小组”平台，教师群体的凝聚力和战斗力更加紧密强大，可以更好地跟学生们交流。

“其实我们这个小团队是一个让大家感觉到很放松的团体，互相经常开开玩笑，一起争取科研项目，一起做教学实践，一起听报告……把工作和娱乐都常态化，大家也不会觉得累，团队里充满了和气。年轻化也成了我们团队的一个特色，潜力也是非常大的。”

正是在他的组织下，中东学院青年教师这支朝气蓬勃的队伍取得了一个又一个成绩，已然成为一支“既能干事又能攻坚”的青年突击队。

做学生生命中的“摆渡人”

“我们喜欢您，年轻的老师；您像云杉一般俊秀，像蓝天一样深沉；您不仅有学问，还有一颗和我们通融的心。”这几句诗化的语言表达了很多学生对侯宇翔的认同。侯宇翔带领中东学院师生朗诵的诗歌节目在学校活动中斩获一等奖，听到这个消息，侯宇翔跟学生们都特高兴。在长达数月的翻译、修改和排练过程中，侯宇翔和其他教师和学生们建立了浓浓的师生情。

侯宇翔是一个认真的人。2016 级阿拉伯学院学生俞启涵说："参赛的阿语诗歌最初已经由大三学长翻译好了，侯老师看到后感觉不满意，他重新做了大量修改，尤其是后期一直不厌其烦地纠正我们的阿语发音，非常认真。"2016 级学生寇蓬升眼中的侯宇翔是和蔼、博学、严厉的，"侯老师上课非常认真，对我们语言交际能力要求很高，平时生活中又非常风趣。"正是由于这股认真劲，他的学生一次又一次地考出了理想的专业级别成绩，一批又一批地进入外交部、新华社等祖国外事工作各条战线。

"追求卓越"是侯宇翔经常挂在嘴边的话。他说这既是中东学院老一辈留下的优良传统，也是中东学院的精神诉求。日常教学认真的他，在科研方面也同样崇尚卓越成果。他近年来主要从事中东政治和国际伊斯兰问题的研究和教学，出版专著 1 部、译著 7 部、编著 6 部、高水平论文 10 余篇，参与和主持多项国家、省部级项目。他撰写的学术论文"针对中国学生的阿拉伯语语音教学"一文在阿拉伯地区最为权威的学术期刊、阿拉伯翻译组织会刊《阿拉伯语与翻译》上发表。2016 年 8 月，他撰写的学术专著《中国与中东国家的人文外交》的书稿入选 2016 年国家重点对外传播出版工程——"丝路书香"工程。

关于未来，侯宇翔说自己比较"贪心"，有三个愿望——希望孩子茁壮成长，希望写的文章有人喜欢看，最重要的是，希望培养出的学生能为国家发展做出贡献。

（作者：唐恩思、罗丁元、冯赛琪）

20. 岳珊：我与二外的“不期而遇”

BISU 人物时光纪：岳珊，北京第二外国语学院日语学院教师，硕士，中日同声传译系主任。毕业于北京第二外国语学院日语系，曾于日本京都外国语大学进修。研究领域：口笔译实践与教学研究。2017 年获得北京第二外国语学院翔宇教学奖一等奖。

她在二外整整度过了 25 个年头。她是二外的老师，也曾是二外的学生，这是一个自然发生的过程。

在二外，日语学院是一个大家庭。但凡有机会，日语学院的老师们就会尽力带回日语原版图书，放在一起共享。若是某个班有表现突出的学生，各个班的老师还会邀请他们来自己班进行“巡演”。

今年日语学院有两位教师参评“二外翔宇优秀教师”，最终两位教师都获评一等奖，而岳珊就是其中一位。从报名到备课，一直到颁布结果，岳珊从来没有刻意为获奖而准备过什么。她还是按往常一样，捧着三四本教材，带着 PPT，在学生们的琅琅读书声中走进教室，开启一天的基础日语课程。正是从始至终踏踏实实的教学风格，为岳珊赢得了“翔宇教师一等奖”。

岳珊在事后回想时说道：“这个奖要感谢我的学生对我的配合，课堂是‘师生’两方的事情，学生们配合得非常好。”班里来自山东的赵艺笑没有日语基础，却是班里学习数一数二刻苦的学生，她还清楚地记得上参赛公开课前评委老师纷纷走进教室时的场景：“我当时看见有那么多老师来听我们班的课，就觉得不能给岳老师丢脸，也能预感岳老师一定会找我和我同桌来做对话练习。”那天她和她的同桌发表了关于旅行的自由对话，之后借着对话内容，岳珊又对全班同学展开提问。仅仅几分钟的时间，学生们的积极性就被调动了起来，而学生的热情也使岳珊情绪高涨，台上台下同时进入良性循环的互动状态中。

这是一种师生间已然培养成形的默契。梧桐树下二十年，从研究生毕业到现在，岳珊已在二外日院任教 18 年。从踏进二外的第一步到研究生毕业，岳珊曾在二外学习 7 年。她是二外日院的老师，也曾是二外日语系的学生。从 1997 年到现在，她已在二外度过了整整 25 个年头。

在电脑还未普及的年代，在二外日语还不是“院”只是“系”的年代，十八九岁的小姑娘小伙子们天天捧着书早上读晚上也读。日语系的老师们但凡有机会就从国外带回磁带、书籍，带着学生们反复钻研。岳珊就和其他学日语的同学一起，按部就班“傻傻地”啃下了几大本《基础日语》教材，最后心无旁骛地一路读到了日语研究生毕业。

成为教师之后，岳珊的生活依旧保持着朴实的本色。她的课堂粗看平淡，但投入其中却发现她实际抓住了课内每一分钟，从听说读写各个方面训练学生，并且鼓励学生运用日语进行唱歌、配音等表演。日本动漫中各种场景通过学生惟妙惟肖的语调和声线得到了再现：岳父训准女婿——先抑后扬，看似和风细雨的谆谆教导却一字一句都在悄然积蓄力量，直待最后打下个“晴天霹雳”，给不懂事的毛孩子来个当头一棒；女孩们妄想和班草邂逅——三人并坐在花坛边，手捧泛红的脸蛋儿齐刷刷眼珠翻向右上角……台下的同学和老师仰着头，不断爆出阵阵笑声，又情不自禁地为“声优”们鼓掌。

每到学期末，岳珊一定会做一件事：向同学们提前说抱歉：“我们还有三课没学完，嗯……可能来不及上完……我先给同学们说声抱歉。”道歉时她微弯着腰，用目光认真地向在座的每位同学表示歉意。但最后，她总是能从容地在学期结束前把课上完。

这样想来，即使是道歉的时候，岳珊的脸上也都是淡定的表情。

“现在的资源很多，学生的积极性也很高，所以我们也相应跟着学生的步伐来走，鼓励学生们自学。我们老师就借用课堂来传递学习方法，然后负责把问题集中起来进行答疑解惑。”在岳珊的班级，几乎每个学生都能接触到各种学习素材。这在早些年是不可能的，这是时代发展给日语教学带来的好处。但同时岳珊也提出了担心：“材料多了，就容易眼花缭乱，学得浅吃不透。”学生在大学四年里一年年成长，她作为老师也跟着年轻学子的节奏不断调整自己的教学。她头上已经熬出了一点点白，但她仍旧十分享受教书育人的过程，她说她能在课上感受到年轻的朝气和活力。

一批又一批年轻的学生像青青嫩草，感受着岳珊教学中的润物细无声。她们给心爱的老师起了个亲切的爱称——“岳妈妈”，还为“岳妈妈”添加了“尬笑”技能。岳珊用提问的方式给学生搭了个隐形的“弹簧”，学生回答的水平能把这个“弹簧”压多紧，她就能重新返给学生多高的问题。当学生犯错时，岳珊毫不掩饰地一边笑出声一边给出正确答案。起初学生无法理解老师的笑，但在有了一定知识积累后，面对类似“下雨”变“下糖”的口语错误，班里20多个同学能快速反应过来并抢在岳珊前边开始呵呵笑。一个学年下来，学生的日语都说得利索了，也似乎笑出了法令纹。

如今，岳珊和她的学生们组成了温暖的“小家庭”，其中有大一一年就考完N1的学生，也有故意爱逗人发笑的“活宝”。岳珊偶尔也会感慨起师生缘分，就好像她钟情的那句日语歌词一样：上り坂んん…下り坂んん…人生は～まさか！（起起伏伏，然而人生却总是“不期而遇”）

（作者：潘勤　程睿琼）

21. 高晶一：淬炼在学术追寻的途中

BISU 人物时光纪：高晶一，北京第二外国语学院特聘教授，欧洲学院东北欧系系主任，爱沙尼亚语教研室主任。爱沙尼亚旗舰大学——塔尔图大学爱沙尼亚语及芬兰乌戈尔语言学专业毕业，语言学博士学位。2016 年开始到北二外工作，领衔创建爱沙尼亚语专业。2019 年北京市属高校高水平教师队伍建设高层次人才引进项目入选者。2020 年北京市级人才项目入选者。加入北二外前在爱沙尼亚从事教学和科研工作 10 余年，现已出版爱沙尼亚首部汉语教材、世界首部爱沙尼亚语汉语词典等专著 7 部，现已出版论文数十篇，其中中西方甲级核心期刊论文 10 余篇。

2021 年的春天，对于北京第二外国语学院欧洲学院的高晶一教授来说格外忙碌。4 月底，高晶一教授应邀在复旦大学哲学学院和生命科学学院、上海财经大学国际文化交流学院、上海外国语大学俄罗斯东欧中亚学院举办讲座。

高晶一教授作为国际领先研究爱沙尼亚语、芬兰语、匈牙利语等乌拉尔语系东方语源的专家学者，已与复旦大学现代人类学教育部重点实验室主任李辉教授团队科研合作多年，参与“丝路人类学”一带一路国际联合实验室项目。上海财经大学是爱沙尼亚唯一孔子学院——塔林大学孔子学院的中方合作建设院校，已与高晶一教授友好协作多年。此前，2019 年 11 月，高晶一教授也曾应邀到两校举办讲座。

执着探索小语种里的大世界

高晶一毕业于爱沙尼亚旗舰大学——塔尔图大学爱沙尼亚语及芬兰乌戈尔语言学专业。选择爱沙尼亚语这个“小语种”对于高晶一而言并非是巧合。

塔尔图大学（University of Tartu）是爱沙尼亚共和国及波罗的海国家最高学府，大学具有超过 380 年的历史，是北欧乃至全欧洲最古老的大学之一，在整个欧洲也享有盛誉。塔尔图大学与剑桥大学和牛津大学同为有欧洲常春藤联盟之称的科英布拉集团成员。学校综合排名列欧洲前 100，爱沙尼亚的国家部长及其他国家领导和商界领袖中有 80% 毕业于该校。

“其实并没有机缘巧合，我自幼爱好地理历史语言方言，很早发现爱沙尼亚语等乌拉尔语言与汉语存在语源关系即选择去爱沙尼亚塔尔图大学学习这个小语种，并从这个小语种入手研究乌拉尔（旧称芬兰乌戈尔）语言学。”高晶一解释说，只要对多种语言方言的异同有感悟和洞察，就不难发现双方语言之间的一些简单对应，例如：爱沙尼亚语“男他女她”也都是 *ta*。句子“他吃了”是“*Ta sõi*”，其用字逻辑为【他食矣】。句子“他不吃”是“*Ta ei söö*”，其用字逻辑为【他未食】。

高晶一在复旦大学哲学学院和上海财经大学国际文化交流学院曾作题为《汉乌拉尔共同语源与汉语言民族的两大来源》专题讲座。讲座综述语源学研究的概况、材料与方法，讲解归纳等韵对应规律的重要性，展示汉语与乌拉尔语言共同语源字例，上古汉语 29 韵部逐一成表。他论述汉语与乌拉尔语言共同语源的来源应为炎帝神农氏的语言，已有语言、民俗、考古、遗传父系四方面的连环证据。汉语为炎帝神农氏语基础上受到黄帝轩辕氏语强势融入而形成，汉语对同一个事物往往有两种用字，其中底层俗语属神农氏语（同今乌拉尔语），高层雅言属轩辕氏语（同今藏缅语）。原始汉民族为炎黄二氏融合而成，炎帝神农氏属 N-M231 父系，黄帝轩辕氏属 O-M324 父系。

“很多人听说过的，匈牙利与东方有着一些文化共性，比如，其族名接近匈奴，其人名也是姓在前、名在后，其时间也是按年月日排列，但还没有人成功深入进行有关研究。通过研究乌拉尔语言学，更可以发现乌拉尔语言与汉语存在深层次的共性。”高晶一说。他于 2010 年起在简单对应基础上转攻等韵对应，例如：汉语【鲲】，对应爱沙尼亚语、芬兰语单词 *kala*（语义是鱼），对应匈牙利语单词 *hal*（语义是鱼）；同时，汉语【分】，对应爱沙尼亚语、芬兰语单词 *pala*（语义是小块），对应匈牙利语单词 *falat*（语义是咬）；同时，汉语【焚】，对应爱沙尼亚语、芬兰语词根 *pala-*（语义是燃烧）；同时，汉语【浑】，对应爱沙尼亚语、芬兰语词根 *vala-*（语义是灌注）。此则等韵对应规律为：上古汉语文韵部对应普通话 *-en* 韵，对应广东话 *-an* 韵，对应爱沙尼亚语、芬兰语 *–ala* 韵，对应匈牙利语 *-al* 韵。此项语音对应规律内含至少 4 则词根，可以从概率上有效排除巧合，证明双方语言存在深层次的共性。有关研究的意义是有助于有关民族更深认识其历史，有关研究的启示是远在西方的语言民族也可以跟我们有渊源。

爱沙尼亚的学术追寻

“塔尔图大学是爱沙尼亚国家的旗舰大学，是中东欧范围内国际排名最高的大学之一，分人文、社科、科学、医学四大学部，可以说是一所上知天文下知地理的大学，爱沙尼亚现任总统、总理等高官均为本校校友。爱沙尼亚各行各界精英会是你的校友，甚至是你的同学。”高晶一教授在学校学习期间还聆听了芬兰、匈牙利、波兰等国总统到访演讲。“北二外不少小语种的学生会到对象国合作高校交流学习一年，其中一些高校也是对象国的旗舰大学，北二外贯培项目学生更有三年时间在对象国合作高校完成学位的机会，一定要好好把握。”高晶一说。

高晶一说他在塔尔图大学学习时，学术上的最大收获则是跨学科见识及能力的提升。“我最初发现汉乌拉尔语源关系仅凭对语言的感悟和洞察，随后为支持此观点，我留意学习其他学科的线索，其中以分子生物学线索最为成功。我在 2005 年的作品中首次写到分子生物学人类父系研究（Y 染色体研究），指出分子生物学者推测 N 组父系（Y 染色体单倍群 N-M231）来自远东，而 N 组父系是乌拉尔民族的特征父系，因此应与汉乌拉尔语言的共同来源有关。”

2006 年 1 月 13 日，塔尔图大学分子生物学系邀请高晶一做学术报告。他表示，当时分子生物学界只是推测 N 组父系来自远东这个大方向，具体地点有待研究。或因受旧乌拉尔阿尔泰语系假说的潜在影响，或因固有成见，学者们倾向在当代满通古斯、蒙古、突厥乃至朝鲜、日本民族中寻找 N 组父系样本来与乌拉尔民族的 N 组父系样本比较。高晶一表示：“我主张唯有汉语与乌拉尔语言有相当可观的语源关系，促使塔尔图大学分子生物研究团队将研究目标直插汉族。”

一年后，爱沙尼亚分子生物研究团队发表论文（Rootsi et al. 2007），领先全球得出 N 组父系来自东亚大陆的结论。此作研究了 58 个民族中的 5389 个 N 组父系样本，在其得出的 N 组父系谱系图根部 4 个样本全部取自汉族。同期，俄罗斯分子生物研究团队发表论文（Derenko et al. 2007），主张 N 组父系源自南西伯利亚。此作研究了 17 个民族中的 1438 个 N 组父系样本，包括蒙古族、朝鲜族，而不包括汉族，是为当时类似研究的一个反面典型。2013 年，中国分子生物研究团队发表论文（Shi et al. 2013），支持 N 组父系源自东亚大陆。此作研究了亚欧大陆上 359 个民族中的 20826 个 N 组父系样本，从此 N 组父系源自东亚大陆论点再无争议。

在此基础上，高晶一教授与部分中外生物研究团队一直保持着联络乃至合作研究，已与复旦大学分子生物研究团队联名发表过分子遗传学方面的论文，并多次应邀到复旦大学参会或举行讲座。

"将真切的研究体验融进一生学术热忱"

二外是一所小而美的学校，校园环境雅致而不失活力。高晶一教授住在校园里，每天早上会散步到食堂吃早餐，然后散步到办公室，基本过着两点一线的生活。

作为本专业唯一的中国教师，高晶一教授一直承担教学工作。专业建立初期，因为还没有外教，他曾独自承担本专业全部专业课，每周15课时，为此对科研工作的开展有所影响。外教到位后，基础语言教学改由外教负责，高教授才得以顺利继续科研工作。作为专业主任，几年来他仅带领1至2名外教妥善完成教学任务，顺利带好本专业4个班（本科、贯培各2个班），保证每学年都有1至2个班全班留学。"2020—2021学年，克服疫情影响，爱沙尼亚语专业2016级贯培班是全校唯一按时按计划顺利出国的，本专业新外教是全校唯一从国外到二外任教的。2021年7月，本专业首届毕业生毕业，成为全国首届爱沙尼亚语本科专业毕业生。"高晶一说。

上海科技教育出版社出版的高端原创科普丛书之《人类起源和迁徙之谜》有他的心血。复旦大学现代人类学教育部重点实验室主任李辉教授在此书中写道："实际上，我们的研究数据显示，[乌拉尔语系民族的典型父系类型] N [-M231] 的大量最原始类群存在于汉族群体中，东南亚和北欧的类型分别是从汉族的类型中衍生出来的。单倍群N的人群艰苦跋涉由东亚穿越大陆一直到北欧，谱写了壮丽的迁徙史诗。研究乌拉尔语的学者高晶一发现，汉语中很多词汇都是双套的，有俗言和雅言两种说法，俗言来自乌拉尔语，雅言来自汉藏语。例如'爷娘'来自乌拉尔语，'父母'来自汉藏语，'家'来自乌拉尔语，'宫'来自汉藏语。这是一个非常重大的发现，很出乎意料。"

谈及语言学习，高晶一期望爱沙尼亚语专业的学生们能够心无旁骛地投入到语言文化的学习中。语言的背后是文化，在学习语言的同时，文化信息的传递是相随而来的。在文化中学习语言，语言也会学得更好。高晶一认为，同学们可以加强对语源学的学习和理解，先理解语言中每个词根每个语素的含义，这样对语言文化的理解就会更为精准。汉语人口对汉语理解的优势就在于，我们基本知晓汉语合成词中每一个字即语素的含义，所以我们的理解和运用准确。很多人学习外语时会忽视对外语中合成词的语素分析，于是容易造成理解和运用的偏差。有关汉语的语源学研究空间还很大，不排除学生们也会有重大发现。

“出于对语言的追寻，自己一路摸索、探索与追寻。这样的学术路数走起来可能会遇到一些艰难，甚至会受到冷落，但一路走来收获很多，因为经过这样的探寻，不仅对学术研究的结论，而且对学术研究的方法和理论都会有真切的体验，将这些第一手体验融进自己的学术热忱，淬炼属于自己的东西，是非常值得珍视、值得珍惜的学术体验。”高晶一说。

（作者：唐恩思）

22. 姜钰：学好翻译会让你变成一个更好的人

BISU 人物时光纪：姜钰，北京第二外国语学院高级翻译学院副院长，硕士生导师，第六届外研社杯全国高校外语教学大赛翻译专业组全国总决赛特等奖，第五、六、七届全国口译大赛，第七届海峡两岸全国口译大赛优秀指导教师等。曾获得北京市高等教育教学成果奖一等奖、北京第二外国语学院“师德先锋”荣誉称号、北京第二外国语学院 2018 年十大年度人物提名奖、北京第二外国语学院第十一届青年教师教学基本功大赛一等奖。

“我们抢人的速度快，先下手为强。19 号选手（总决赛亚军）下学期就要来我们这里任教了。”2014 年 6 月，“中译杯”第三届全国口译大赛总决赛颁奖典礼上，校领导的话音刚落，场下就响起了一片欢呼声。

当时的 19 号选手，就是如今二外高级翻译学院的“人气”教师姜钰。从学生到老师，从育己成才到育人成才，这个目光灼灼、面对辛苦的口译工作仍然“风雨兼程”的年轻人，在不知不觉间，已在口译的道路上走了好久，久到心愿幻化成花，久到桃李已有芬芳。

与全国口译大赛的不解之缘

“我是这个比赛最忠实的粉丝。”

从第一届开始，姜钰以本科生的身份参赛，止步于华东赛区决赛。

第二届，研一，在全国总决赛的预选赛停步。

第三届，他从山东赛区开始，一路过关斩将，最终在他即将开始工作的地方，一举拿下全国口译大赛亚军。

第四届、第五届，他依旧活跃在赛场上——以老师的名义带领着自己的学生参加比赛，身份变了，激情却未退。

在做学生的时候，姜钰坚持“以赛促学”的信念，在“中译杯”这样一个全国性赛事的大舞台上执着追寻着；做了老师之后，指导学生成了他“一个义不容辞的责任”。他说，“中译杯是一个全国性、高层次、大规模的口译赛事。带着学生去开阔一下眼界，跟全国顶尖的选手们过过招，学生的收获会超过课堂学习和课外练习。”

很巧的是，姜钰在第三届比赛时获得了总决赛亚军，而他的学生邵诗立，一个大三的本科生，在今年刚结束的第五届比赛中同样获得这一殊荣。姜钰斜靠着沙发，双手交握，脸上挂着微笑：“学生在大三的时候，就已经达到了他老师当年研究生时的水平，这真是把老师拍在了沙滩上。”在他眼里，学生拿奖比自己获奖更让他高兴，因为学生的成绩让他看到了作为老师的价值与意义，每一个老师都希望看到学生的蜕变与成长。

姜钰追随着“中译杯”，先是成为该赛事中一名出色的选手，之后又以蜡炬的奉献精神与院系的其他老师一道培养出了另一颗闪耀的赛场明星。由己及人，学而为师，最后凝结于时光里的一句话不过是——我为学生感到自豪。

“做一个口译老师，不仅要教好书，还要做好实践”

你知道真正学好翻译会带给你什么吗？

姜钰的答案是“会让你变成一个更好的人”。

2011 年毕业于山东大学外国语学院，获英语语言文学学士学位；2013 年毕业于英国巴斯大学（University of Bath），获口笔译硕士学位。[注：巴斯大学的口笔译项目（MAIT Programme）享誉世界，为联合国、欧盟等国际组织输送了众多翻译人才。]

他还曾在联合国驻内罗毕办事处、驻日内瓦办事处做过同声传译的实习，担任过多场国际会议的同传、交传译员。辗转于各大会场担任翻译的经历让他讲话比以前更有条理。由于知识结构的丰富而带来的强大气场自然别有一番味道，正如他的学生所说——“帅爆炸”的自信。姜钰在翻译行业的实践与探索使他成了这样一个更好的人。

即使成为教师之后，他也未曾放松口译训练。他认为，做一个口译老师，不仅要教好书，还要做好实践，因为教学和实践是相辅相成的。在学校的外事活动中，常常能看到他随行翻译的身影。

自打入了翻译这一行，他对这个行业有了更深的认识。

面对现今市场上对同传的一些误解，姜钰表示，做同传并不是收入顶破天，译员们也并不都是程家阳式（热播剧《亲爱的翻译官》男主角）的人物。社会上的一些浮躁功利的想法与市场上对同传“日进斗金”的宣传一拍即合，造成现今人们形成“做了同传就能赚大钱”的普遍印象。人们只看到回报的丰硕，却忽略了前期日日夜夜的细致准备。

伏案挑灯夜战，不计其数的会议材料和网络上浩如烟海的资料，读完不是唯一的要求。对于会议主题、主旨发言人、相关背景知识的熟悉都是翻译准备的必修课。“我们说做同传的基本功是分脑，要一心二用，但其实是一心N用。做同传要一边听一边说，要听懂，要理解，还要监听自己说的内容，对于数字等还要适当做些笔记，所以做同传是一个手、口、脑并用的过程。”

付出与回报同在。姜钰像是一匹日夜兼程的千里马，不畏风雨，不知疲倦，他怀着一颗执着的心一路向前，眼前是耀眼的明天，背后却是苍茫的付出。

“备课不仅备教材，更要备学生”

从2014年到现在，姜钰做老师也有些年头了。现代信息技术的发展，让老师和学生之间的信息不对称慢慢缩小，老师从一个“高高在上的形象”，变成学生的“引导者”和“同伴”。

读研时，姜钰就给本科生代过三四门课。他很清楚学生想从老师这里获得什么。“如果说老师想给的和学生想要的是一致的，这门课就是很成功的。”这个理念让姜钰在备课的时候不仅备教材、备教法，更多的是备学生，即了解学生的需求，根据学生的能力来设计每一堂课，在课堂上不断引导、启发学生。在第六届“外研社杯”全国高校外语教学大赛的现场，面对讲台底下十二个学生，十二双眼睛，姜钰根据学生的反映不时地调整自己，调整讲课的进度，与学生做出及时的互动，最终以出色的教学能力摘得了翻译专业组特等奖的桂冠。

在引导学生学习的同时，姜钰也成了学生的同伴。

据高翻院的学生回忆，“太shy学不好英语”“你们都没get到这个梗啊，呵呵”这些姜钰老师的经典语录言犹在耳。

“姜老师是特别好的一个人。课堂上他有点严肃，有时我们回答不出问题他会投来

‘王之蔑视’，偶尔也会开开玩笑。课下很亲切，我们都叫他姜大白。”高翻院的陈同学这样逗趣地评价。课堂上，姜钰的眼睛总是特别犀利。在学生做 presentation 时，PPT 上每一个细小的错误都逃不过他的眼睛，比如哪个字字号不对，哪里少了个空格。有时他还能说出在展示过程中学生看了几次天花板，看了几次同学。班里的学生在他的训练之下，presentation 技能都有了长足的进步，细节也做得越来越完美。

与学生年龄差距不大，很亲切，没有代沟，像“大白”一样很暖的姜钰平常会和学生像朋友一样相处。作为学生同伴的他，在让学生对他的教学能力竖起大拇指的同时，也让学生对他念念不忘：“大二他不再教我们，我们都挺想他的。”

当谈到对学生的寄语时，姜钰沉思之后说道，希望大家可以做一个有“料”的大学生：学习上要有“料”，肚子里要多装点“墨水”；思维上要有“料”，要学会独立思考，辩证地看待问题；生活上要有“料”，大学生活一定要多姿多彩；为人处事也要有“料”，要做到真诚待人，培养情商，更重要的是常怀感恩之心。

学而为师，育己育人，姜钰用自己的行动诠释着教师的内涵。在未来的日子里，姜钰希望“能培养出更多的栋梁之材，桃李满天下”。

（作者：程睿琼　　指导教师：唐恩思）

23. 李姿：中国和拉美加勒比地区的名片交换使者

BISU 人物时光纪： 李姿，欧洲学院外籍教师。2009 年至今，李姿每个寒暑假都会组织学校近 30 名西班牙语专业的学生在各个西语国家驻华大使馆进行实习。北二外成为全国唯一一所定期与大使馆进行实践活动的大学。在北二外 50 周年校庆的特色活动“语言的力量”中，李姿邀请拉美各国大使前来，展示“西班牙语的力量”。作为北二外西葡语系外教，她曾接受中央电视台西班牙语频道 Diálogo《对话》和《外国人在中国》栏目的专访，并接受《今日中国》《大学生》和巴拿马的《La Prensa》等中外杂志的专访。

2021 年是巴拿马外教李姿来到北京的第十五个年头，她在二外的课堂上悉心教授了一批又一批优秀的西班牙语学子。桃李不言，下自成蹊。

中巴文化的碰撞之旅

众所周知的巴拿马运河是重要的经济要道。李姿的家就在巴拿马的首都巴拿马城。2006 年，经由中华人民共和国政府派往巴拿马的首位汉语教师、北二外西班牙语教师王鸽平的介绍，李姿踏上中国这片古老的东方土地。那时的她以学生的身份来北京，进入二外进修中文。就是在这次进修的过程中，细心的李姿发现，课堂上的汉语老师说话是字正腔圆的，语速很慢，但是现实生活中，母语者说话很快，对于留学生来说理解起来有些困难。担任教师后，自己曾经体会到的这些微小的细节都被她运用到了自己的教学之中。平时上课的时候，李姿会更加注重让学生去和母语者在正常语速和逻辑思维下进行沟通，以便让学生们在课堂上就能了解到这种语言（西语）在实际应用中是什么样的状况。

然而这些无法完全解决教学上的难题。李姿刚开始教学生涯的时候，便发现了一些学生身上的不足："他们来自五湖四海，从小生活环境不尽相同，一些学生见到外国人的时候会感到不够自在，无法进行流畅的交流，这样就无法领略一种语言真正的模样。"

为了解决这些问题，她做出了一个大胆的决定：和委内瑞拉、阿根廷、墨西哥等国大使馆展开合作。从2009年开始，在寒暑假派学生去大使馆实习，让他们更好地感受拉美文化。

在李姿看来，派学生去大使馆实习，除去可以帮学生摆脱"不敢开口"的毛病，更多的是使他们在接触西班牙母语者的同时，更直接地感受到自己所承担的中外文化交流的重任，从而为未来的就业奠定基础。

多元的教学理念，幽默的西语课堂

除此之外，李姿认为，学生们在工作学习之余，也要从生活和文化中了解拉美地区人民的生活。她希望她的学生能够通过在大使馆的工作了解到各个拉美国家的美食，进而了解到各个拉美国家的文化。每个月的课余时间，她还会组织学生去参加一些各个大使馆举办的活动：委内瑞拉的音乐会、阿根廷的探戈舞会、哥伦比亚女高音演唱会，等等，她希望这些活动可以帮助学生们开阔视野。

李姿所有的付出，都被同事和学生们看在眼里。在学生宛家旭眼中，李姿不仅仅是他们的老师，也是他们的朋友。在充分接触之后他们发现，看起来有些严肃的李姿其实是非常有趣的一个人。

"她经常会讲一个笑话：如果几个拉美人同时进入一个房间，你是后进去的，一定要和所有人打招呼，你不和他们打招呼就代表你昨天晚上是和他们一起度过的。"当有后来的学生进教室没有和她打招呼，她就会在黑板上画一大张床，然后就调侃他们："昨晚你们所有人是不是都睡到一起了，没有的话，为什么不和我们打招呼？"通过这些小笑话，同学们不仅哈哈一笑，活跃了课堂的氛围，也懂得了在与拉美人交往的过程中所需了解的礼节。

做中国和拉美加勒比地区的文化交流使者

2017 年 9 月 20 日，委内瑞拉玻利瓦尔共和国致电中华人民共和国，以表达对北京第二外国语学院西班牙语专业巴拿马籍教师李姿（Liz Vargas）的感谢，因其为促进拉丁美洲及加勒比地区与中国间的文化交流做出了不懈努力。同时，委内瑞拉驻华大使馆向李姿老师颁发了根据致电内容制作而成的认证书。

委内瑞拉驻华大使馆在电文中谈道：李姿老师长期致力于向中国学生推介拉丁美洲及加勒比地区文化，她的工作构成了全世界文化交流的一部分。我们特此对李姿老师表达衷心的感谢，并希望我们同中国的兄弟情谊通过全球化教育进一步加深。

多年来，李姿一直与拉美各国驻华使馆保持着友好关系，并借此机会为二外西语同学提供实习机会。2009 年，委内瑞拉大使伊万塞帕斯先生向李姿提出希望二外西班牙语学生到使馆实习，帮助处理各项事务。利用这一契机，同年寒暑假期间，李姿老师共介绍 5 名优秀学生到委内瑞拉大使馆实习。同时，墨西哥、玻利维亚、厄瓜多尔等其他拉丁美洲和加勒比地区国家的驻华外交机构里也开始出现二外实习学生的身影。这一项实习活动一直延续至今，每年都有近 30 名二外西语学生获得在驻华外交机构实习的宝贵机会。在实习过程中，学生们使用西班牙语与外交人员无障碍沟通，并协助完成办理签证、组织展览会等各项重要事务，获得多国外交人员的赞赏。正因如此，委内瑞拉驻华大使对李姿老师给予了很高的评价。在实习过程中，学生们提高了西班牙语水平，深入了解了西语国家的国情文化，获益匪浅。双方的合作一方面给予了中国学生身处西语氛围、提高语言能力、学习语言对象国文化的机会，另一方面也促进了中国和西语国家之间的文化交流，有利于国家间的合作发展。除使馆实习之外，李姿老师还多次邀请智利、秘鲁等国的驻华大使、参赞及其他外交人员走进学校，为学生们带来精彩讲座。讲座内容主要为介绍拉美国家历史文化以及与中国间的交流往来，而李姿老师也鼓励学生走出国门，大胆探索。此外，李姿老师曾数次带领二外学生参加各国使馆举办的重大外事活动，帮助学生拓宽视野，增长见识。

李姿老师表示非常高兴自己的工作能够得到肯定，但更令她感到满足的是自己的工作能够帮助学生直接了解拉丁美洲文化和习俗，促进中国与拉美的文化交流。作为一名老师，为了鼓励大家用西语进行口语表达，李姿老师在课堂上会提出许多有趣的话题让同学们发表自己的意见，甚至利用课堂时间组织西语辩论赛。她为学生尽心尽力，却从未感到辛苦，这一切都是因为她热爱自己的工作。她说，一个人享受工作时不会感到疲惫。李姿老师衷心希望二外学生能多与外国人接触，抛开国籍或口音的差异，认真倾听，大胆交流，逐步提高外语水平。

如今开设西班牙语专业的学校越来越多，各个工作岗位的要求越来越高，西班牙语毕业生面临的压力越来越大，而使馆出具的实习证明能够帮助学生们找到更好的工作，所以李姿老师十分愿意将学生推荐到大使馆实习，希望能助二外学子们一臂之力。每当听到朋友夸奖二外的学生时，李姿老师都会感到十分自豪，她表示会将自己的教育事业继续下去，并不断努力将拉丁美洲文化介绍到中国，也让西语国家更多地了解中国！

热爱二外这座小而美的校园

和大部分为中国的名山大川所吸引的“歪果仁”一样，旅游是李姿在假期时最喜欢的休闲方式。“我特别喜欢旅游，去过中国很多地方。我还想去一些小城市，看一些不一样的风光。”而在这一点上，她非常感谢二外，学校为外籍教师了解北京、了解中国提供了很多机会和条件。

不光如此，在精神层面上李姿也感到很享受：“二外带给了我良好的工作氛围，欧洲学院老师对我十分的友好，交往中是以一种朋友的身份，而不单单是同事关系，我非常享受这种工作氛围。”

从巴拿马来到中国后，李姿为中国的发展现状感到惊讶：“中国的发展程度领先巴拿马很多。首先令我印象深刻的就是中国的购物网站‘某宝’，真的特别方便。”

在李姿看来，一个好的外教老师，首先要热爱自己的“第二故乡”。而对于李姿，这份热爱从身边朝夕相处的同事和学生中萌芽，在二外小而美的校园里生长，在这座古老与现代相融合的北京城中升温……现在的李姿，已经与二外、与中国越发熟稔，紧密相连。未来，她还将和二外一起走过漫长岁月，她说：“我来自巴拿马，我爱中国，我爱二外。”

（作者：刘其佩、胡香赟、罗丽莎）

24. 意大利语外教 Fede：“我爱传统与现代碰撞的北京”

BISU **人物时光纪**：Federico Castigliano，北京第二外国语学院欧洲学院外籍教师。2008 年在意大利都灵大学取得博士学位，意大利研究方向副教授。Federico 曾在法国多所高校任教，包括土伦大学和克莱蒙特费朗大学，也是巴黎第四大学科研部成员。被亚洲文化魅力感染，他决定来中国。他的研究强调城市和文学之间的关系，城市发展对艺术作品的影响。研究途径是将叙述与表演艺术融合，把“城市中漫步”描绘为审美实践和调查城市转型的一种手段。他同时发表了多篇论文和短片故事。在 2020 年“爱上北京的 100 个理由”主题短视频和征文大赛中，以 Fede 为主人公的短视频《我爱传统与现代碰撞的北京》斩获大赛特等奖。

2014 年，意大利语外教 Fede 来到北京。如今，这座城市已成为他生命的一部分。

“来到中国，对我而言，是一场美好的遇见。我对这里充满好奇，最初的那段时光里，一切经历、一切见闻都令我惊异，令我欣喜。”

“起初，我来到这里纯属偶然：我想看看世界的另一端，我想开启一段崭新的奇遇之旅。在此之前，我曾到欧洲、美洲和亚洲的众多城市游历。那时，我对中国几乎一无所知，仅仅通过互联网对她有一些简略的了解。”

都市漫步　认知世界

我对城市的热爱和探索始于在巴黎读书期间。通过阅读历代小说，赏析有关法兰西之都的种种电影，我对这座城市产生了浓厚兴趣。那时，我特别研究了“地理心理学”，即场所对人们生活的影响。巴黎居民与城市空间之间的关系令我着迷，他们在那里生活，把它当作可供居住的家和社交场所。

我的博士论文也以城市研究为主题。在文中，我尝试把“都市漫步”定义为一种艺术形式和认知世界的方式。三年前，这些努力凝结成一本书，并被译为多种文字。书的标题“Flâneur”是一个几乎无法翻译的法文词汇。它所指的是十九世纪文学中的典型人物：一位富贵、儒雅的孤独者，在城中漫无目的地游荡，探访各个街区，感受其中的氛围。

感受北京　故里情深

初到北京时，我便开始在这全新的城市景观和环境之中探索“都市漫步”。异域文化永远吸引着我。

北京的独特气质令她有别于其他现代大都市。她不断变革、日新月异，这种生机所传递的能量引人向上。

我曾在城中的不同街区徜徉，或乘地铁，或乘出租车，完全随意地选择下车地点，只为探访某处未知的街巷，观看那里的居民。我就是如此好奇！我要领悟北京的本色，我极力追踪并捕捉这种本质——独一无二的北京精神。

北京令我震撼，首先在于她是一座传统与现代彼此融合的都市。这种美学风貌是她城市景观的与众不同之处。在这里，古典与摩登相互碰撞：置身于一条京味儿十足的小胡同儿里，品尝着地道的街头小吃，一座现代化办公大楼就在旁边拔地而起，高耸入云。

毫无疑问，京城最大的魅力恰恰在于这些传统街巷，人们在这里得以了解真正的中国：四合院，百姓的日常生活，以及传统艺术，例如书法。我经常在鼓楼、南锣鼓巷、什刹海附近的胡同里随意游逛，有时在某间咖啡屋里停留，听听音乐，放飞自我，抑或打开电脑，开始工作。或许就这样，我开始“感受”到真实的北京。

对于都市漫步者而言，路人的面孔、历史和建筑元素突显在面前，成为可供欣赏的景观，它几乎就像一本有待阅读的书籍。

春秋两季是参观古都北京、悠然漫步其中的理想季节。在北京的这些年，我一直住在三里屯，因为它是北京最时尚、最跃动的街区。这里有各式餐馆、休闲场所以及精品商店，兼收并蓄的胸襟在此彰显。对我而言，三里屯是和谐之地，我不仅在这里认识中国，也在这里怀恋故乡的风俗。

不同的文化　共通的情怀

人们永远可以从不同文化的碰撞过程中汲取营养。我与很多中国人有过交往，到他们的家中做客，了解他们的理想、他们的人生喜悦。

在这里，我结交了许多友人。北京人的品质我一向欣赏。远离故土，生活在北京，与他人交流，这些经历给予我的最大收获便是让我懂得，人们的所思所想、生活方式不尽相同。世界上的各个民族，无论来自何处，总有某些共通的情怀。或许，这是北京馈赠我的最好礼物。

（作者：程门立雪、尹子欣）

25. 沈洲榕：译者匠心

BISU 人物时光纪： 沈洲榕，北京第二外国语学院高级翻译学院讲师，主要研究领域有同声传译理论与实践、汉语语言文学、航空情报等。曾为外交部、联合国、亚洲基础设施投资银行、国际民航组织等多个国际组织及部委、大型企业担任同声传译、交替传译以及各类文件翻译工作。曾发表论文《从认知语言学角度分析航行通告 E 项内容有误时的可靠性和对策》《航行通告最低意群表意的发布策略》和译著《新丝路 · 新格局》等。

4 月 28 日上午，高级翻译学院教师沈洲榕带领 2018 级的学生们走进校史馆，开始了口译课程之旅。沈老师今天的这节《口译实务》课程在校史馆模拟实战口译，一名学生担任校史馆讲解员，一名学生担任译员，向外国访客介绍北二外的建校史。课程有机地使用模拟实战的方式，将讲党史、校史等思政内容和教学专业内容相结合，一方面紧抓语言质量和政治素养培养，另一方面向学生强调译员的能动性和观众意识。这是北京第二外国语学院第一次尝试把专业课从教室“搬”进校史馆。在党史学习教育如火如荼开展的当下，这堂沉浸体验式的专业思政课带给同学们全新的体验。

“在专业课中融入党史，在口译实践中练习向世界传播中国故事，既弘扬了红色的精神和记忆，又响应了习近平总书记关于‘讲好中国故事，传播好中国声音’的号召。党史思政加专业的融合，能够为翻译专业的学生奠定好‘红色基因’，让学生做到懂外语、懂翻译、有立场、有能力。”沈洲榕说。

翻译应当有“德”、有“情”

作为一名讲授翻译专业课程的青年教师，沈洲榕除了在翻译专业上不断精进之外，在疫情期间，还充分发挥专业特长，几次套上了防护服和护目镜，积极热心参与到抗击新冠肺炎疫情第一线。

2020年2月29日上午，一架载有400多人的航班正飞往北京首都国际机场。与其他航班不同的是，这架航班上出现了几位发热旅客。根据北京市疫情防控隔离政策规定，同机旅客作为密切接触者，必须在指定地点隔离14天。飞机上有着众多外国乘客，迫切需要译员协助，完成隔离手续。沈洲榕在接到紧急任务后，便在第一时间赶往了指定隔离地点。在时间紧、任务重的情况下，沈洲榕老师了解了基本情况和防护要点后，便在医护人员的指导下，穿上了防护服，准备迎接即将来此隔离、办理入住的密切接触旅客。

"确实有译员听到工作内容后，便决定不来了。但是我当时没想那么多，只是简单地觉得，这个时候，能出点力就出点力。"沈洲榕说。随着第一名旅客的到来，沈洲榕便开始为他们提供口译服务。这群旅客里，有外交官、学生，还有残疾人、老人和幼童。旅客们长途飞行后又被集中隔离，办理入住时情绪不稳定，有对现场医护人员发脾气的，也有提出了各种要求的。面对疲惫而不安的旅客，沈洲榕老师耐心地向他们解释政策，与现场工作人员沟通，极力安抚旅客的情绪，并尽量满足他们的要求。

"由于译员们能听懂他们的语言，他们便把所有的情绪都向译员们倾倒。但是其实我特别能理解他们。这个时候的翻译，需要的不是高难度的专业词汇，也不是高超的口译技能，而是一份同理心和一份耐心。这或许也是翻译教学中应该有的德育，我们教学生，一方面要帮助他们在专业上有所进步，另一方面也要告诉学生，翻译应当有'德'、有'情'。"沈洲榕表示。

"这是二外人的担当"

从下午两点开始到晚上七点最后一名人员完成入住时，沈洲榕的护目镜上已经充满了水汽。脱下防护服后，他的脸上和身上已经出现了深深的勒痕。稍事休息后，他便再次穿上防护服，投身下一个任务。这一次是前往污染区，协助医务人员对已经入住的旅客作咽拭子采样。

进入污染区时，已是深夜。随着一个个房门的打开，沈洲榕老师为每一位旅客悉心解释医务人员的来意，并协助医务人员沟通，完成咽拭子采样。在采样过程中，一位工作人员由于水汽遮掩了护目镜，在递笔的时候，一个没注意，笔尖对向了沈洲榕老师。

"当时我只觉得手指被扎了，心里一沉，马上就想到了电影《恐怖地带》里针尖刺破医生手指的场景。由于我们不能碰触清洁车上的物品，我就马上请求医护人员给我挤消毒液。后来在灯光下仔细检查，所幸没有戳破外层防护手套。"

随着最后一名旅客检测完毕，完成严格而漫长的防护服脱离程序后，沈洲榕老师走出了污染区，而这时，已经是次日凌晨一点了。

2020 年初的新冠肺炎疫情牵动着全国人民的心，随着我国防疫工作开始严防输入性病例，这次口译任务可谓意义重大。沈洲榕在关键时刻挺身而出，充分彰显出了"二外人"的责任和担当，展现出了党员教师的风采，体现出了一名翻译的职业操守和精神追求。北京第二外国语学院高级翻译学院教工党支部是教育部第二批全国党建工作样板支部，而这样的荣誉，正是众多像沈洲榕这样的教工党员所赢得和捍卫的。

然而，对于这样的荣誉和担当，沈洲榕却别有一番感慨。"我做的只是力所能及的一件小事。穿着那身防护服的时候，全身上下闷得难受，尤其是护目镜勒得头特别疼。当时我就在想，我只穿了 8 个多小时防护服，而那些在前线直接救治病患的医生护士，要比我辛苦得多。还有那些在一线工作的志愿者、警察、社区工作者，他们才是真正的英雄。我只是做了一名译员该做的事情罢了。后续如果需要我，我再来。"沈洲榕说。这是一名二外人的担当，是一名译员的职业精神，是一名党员的奉献，也是一名中国人的热忱。

青年人要敢于向世界发声

2021 年 3 月 24 日，中国国务院新闻办公室发布《2020 年美国侵犯人权报告》。在美国及其盟友集中对中国所谓"人权"问题发难之际，中国国际电视台 CGTN 视点节目举办了题为"中美人权，孰为人全"的大型电视辩论节目，并且全球播出。沈洲榕应邀参加辩论，为中国发声。

沈洲榕在辩论中说，正如国务委员兼外交部部长王毅所说，中国坚持以人民为中心的人权理念，坚持人权普遍性与各国实际相结合。中国重视人们的健康权、发展权，把人民的利益作为人权事业的出发点和落脚点。

节目中，沈洲榕与清华大学一带一路研究院研究员明竺（巴基斯坦）、清华大学苏世民学者黄尔诺（中国香港）等正方团队成员一道，鲜明地提出了中国立场，有理有据，掷地有声。

节目播出后，沈洲榕表示，青年人就要勇于发出自己的声音，以一种自信、积极的态度，向世界传递中国青年人的思想。

他认为，翻译专业的教学并不仅仅局限于语言的转换，还应当明确国家立场、树立民族文化自信，更重要的是学会平视西方文化，取长补短，明辨是非。这样也能够为翻译专业赋予新的内涵和外延。青年教师参与这样的活动，为国家发声，也能够为学生树立榜样，激励学生励精图治，以翻译为出发点，向未来更多的可能性进发。

沈洲榕说："作为一名青年教师，我主要教授的是口译。我认为口笔译不仅是文化交际的桥梁或工具，也是不同文明、思想交汇融合的'解码器'。通过"中间人"的视角，我们可以更加清楚两种语言文化背后更深层次的世界观和方法论。因此，作为一名译员，在能够清晰明辨他人思想的基础上，我们就能以一种更加有力的方式，发出自己的观点和声音。而这也是我参与本次辩论最大的感受。"

（作者：唐恩思、罗丽莎）

第二辑

1. 韩玉灵：34 年弹指一挥间，我的热爱无怨无悔

BISU 人物时光纪：韩玉灵，中国旅游人才发展研究院执行院长，旅游行指委秘书长。曾任北二外旅游管理学院党总支书记、北二外宣传部部长、北二外科研处处长；北京旅游发展研究基地学术委员会副主任、北京旅游学会常务理事、山东省旅游专家委员会委员、北二外校学术委员会委员、北二外旅游法律与产业规制研究中心主任、全国旅游职业教育教学指导委员会秘书长。科研成果曾获得北二外颁发的二等奖、三等奖，中国旅行社协会三等奖，北京市哲学社会科学优秀成果奖等。2019 年 12 月 28 日，其新书《口述历史：中国旅游业 40 年》发布会在二外举办。

2019 年 12 月 28 日，《口述历史：中国旅游业 40 年》的新书发布会在二外正式举办。作为该书的主要负责人，来自中国旅游人才研究院的韩玉灵教授激动不已。“身处这样一个大时代是一种幸运，能够参与一段对中国旅游业甚至对世界旅游发展产生影响的历史，更是一种幸运。”在她看来，亲历者的口述是价值最高的历史。“在研究与探访的过程中，我们也一次次地被亲历者真挚的叙述所感动，被他们对事业的执着、工作的严谨所折服。”

对钻研的爱：《口述历史：中国旅游业 40 年》

2019 年 12 月，韩玉灵教授的新书《口述历史：中国旅游业 40 年》出版了，这本书在写作过程中有大量高精尖人员参与，写作的过程也并非一帆风顺。《口述历史：中国旅游业 40 年》源自 2005 年韩玉灵和张文两位教授向学校申请的一个项目：通过口述的方式，让亲历者参与进来，讲述一些重大事件、重大政策、旅游教育发展历程等

的来龙去脉，从而为总结有中国特色的旅游业发展经验提供第一手的真实资料。这个项目经历了将近15年时间，通过查阅文献，寻找影响中国旅游业发展的典型事件，从而寻找最合适的讲述者，将他们的讲述记录下来、保留下来，为后续旅游研究奠定基础。

在韩玉灵看来，这是一件很有价值的工作，也是一件很不容易完成的工作。她所在的口述历史汇集团队里，前后共有10位老师、52位研究生参与了此项工作。其中，团队里的研究生给她留下了深刻的印象。“这项研究对于学生而言，真的是一个很大的挑战。他们要查阅大量的文献、资料，访问当事人、知情人，挖掘线索、与导师共同确定被访人……”不过，令韩玉灵十分欣慰的是，学生们并没有被困难吓倒，在这15年间，他们在团队里一直严谨、细致地进行着研究工作。回忆起书籍编写过程中遇到的困难，韩玉灵表示：“困难真的太多了。”这项持续了近15年的工作，在她看来无疑是一场艰苦的“战役”。通过口述的方式进行记录，这对于旅游业的研究而言，是一种新颖的尝试。每一个口述项目都要经历以下的步骤：首先查阅相关文献，研讨决定什么事件重大、谁合适被访，再联系被访者确定访谈时间、制定针对每个人的访谈方案，最终进行整理。工作量之大，可想而知。其中，联系被访者作为一个重要的环节，面临着巨大的困难。

作为团队的负责人，韩玉灵很清楚，由于当代中国旅游业是伴随着1978年改革开放发展起来的，经历过大事件的许多人仍在工作岗位上，从回避的角度上选择起来难度很大。“有时候选中了想问的点，但当事人因为种种原因不便于说，或者根本连人都找不到。”

除了采访方面的困难，经费也是一个不小的难题。对此，韩玉灵非常感激计金标校长的大力支持：“计金标校长总跟我说的一句话就是，‘这是一件非常有意义的事，一定要坚持下来。’他每年都会从他掌握的经费中专门拿出5万元来支持团队的工作。”在韩玉灵看来，对一件事的支持，一次没有问题，但坚持十几年的支持，真的非常不容易！“《口述历史：中国旅游业40年》能够成功出版，与计校长的鼓励和支持密不可分。”

对工作的爱：与旅游法的不解之缘

韩玉灵这次写作的目的也是出于和旅游的不解缘分。早在20多年前，她就曾参与过《旅游法》的制定。1990 年，在学校的推荐下，韩玉灵参与了为期 3 年的《旅游法》起草工作，这为她未来从事旅游法研究奠定了基础。有了立法实践，韩玉灵对《旅游法》产生了浓厚的兴趣，在之后的工作中她利用各种讲课、参加学术会议等机会不断呼吁我国应当有自己的《旅游法》。

20 世纪 90 年代，旅游类的教材多为翻译国外或者借鉴同类学科教材，由于旅游学科尚属起步阶段、建设时间短，如有的学者所言，有些教材建设免不了“贴标签”。通过 3 年的立法实践，韩玉灵萌发了编写一本定位为“培养具有较高法律素养、能解决工作中相关问题的新型复合型人才”教材的想法。历时 3 年，《旅游法教程》问世，2001 年又以该教材为基础申请“十五”国家级规划教材并获成功，此后该教材又获得“十一五”“十二五”国家级规划教材、教育部面向 21 世纪教学内容和课程体系改革计划成果、北京市精品教材、全国首届优秀旅游教材等荣誉。教材的编写过程中，韩玉灵联系实际，研究了很多问题并提出了自己的一些观点，为第三次旅游立法提供了支持。2009 年我国第三次启动旅游立法工作，韩玉灵老师作为专家受邀参加，成为我国唯一一位参加过两次立法的学者。“一辈子的教师生涯弹指一挥间，我无怨无悔，我爱学生，喜欢教师这个职业，这一辈子过得真是值得。”

中国作为旅游大国通过立法保障旅游业健康发展势在必行。作为学者，韩玉灵觉得自己这一辈子就是做了一件事——参与我国旅游立法的研究、起草工作。在这个过程中，她看到了一种精神，一种对事业的热爱而生的精神。旅游立法中有很多问题需要解决，而关于旅游的理论研究又不够，从理论支持的角度有很大的困难。在第三次旅游立法的过程中，韩玉灵看到一大批领导者、参与者的执着，看到他们带着问题深入基层调查研究，看着领导们带领着他们经历着大喜大悲。无论是热情邀请专家组前往财经委座谈的时任全国人大财经委主任石秀诗，还是大病过后仍旧立刻投入立法工作的时任国家旅游局副局长杜一力，都让韩玉灵印象深刻，感怀万分。

对国家的爱：疫情危机下为旅游业建言献策

2020 年年初，突如其来的新冠疫情，让旅游业再次成为人们关注的焦点。在韩玉灵看来，这次疫情的“突然袭击”，并不会把旅游业打得“措手不及”。“经历过‘非典’后，我们加强了面对突发事件的应急能力。”她清楚地记得，在“非典”结束后，二外的学者们立即召开了有关恢复旅游业的研讨会，并出版了相关的书籍。“我相信我们一定可以打赢这场战役。”在疫情期间，许多旅行社取消了团队业务，关于退团产生的纠纷数量急剧增长。与此同时，网络上也传出了许多负面的消息，人们心中的焦虑和疑惑也在增长。为了避免纠纷带来的诸多问题，1 月 29 日的《中国旅游报》发表了韩玉灵教授的文章。“我希望可以通过这篇文章提醒大家并给予鼓励。”在这篇文章中，韩玉灵结合国家体制、政府防控体系、旅游业抗打击能力等诸多方面，对旅游业目前面临的问题提出了具体的建议，并解答了大众对于旅游业现存的一些疑惑。不仅如此，在疫情期间，当人们只能宅家度日的时候，韩玉灵用自己所学写出了有关文化产品的评论，并接受了相关媒体的访谈。通过这些访谈和文章，她意识到了法律的普及对于旅游业的重要性。人们之所以会对旅游业在疫情期间的发展提出诸多质疑，正是由于目前旅游方面的法律普及面还不够广泛。“客观来讲，我们首先应当作的是普及法律知识。”韩玉灵希望今后通过相关法律的不断普及，人们可以对旅游业有更全面的理解和认知。

对于旅游业未来的发展，韩玉灵给出了这样的两个关键词——“机会”和“挑战”。她坦言，到目前为止，中国旅游业的形势还是不容乐观的。虽然近期国内旅游已在区域内逐步开展，但对于跨区域旅游来讲，仍需要一定的时间。眼下全球新冠肺炎疫情大暴发，对于出境旅游、入境旅游都是非常大的挑战。

对于旅游业而言，这次疫情不仅是一次挑战，更是一次难得的机会。“循着历史的脉络我们会发现，每一次社会的重大历史时刻，都会引发一系列的变革，例如制度和机制的创新、行业的变迁、新业态和新岗位的出现，等等。所以，旅游业也需要有所变化，有所创新。”在她看来，中国的旅游业完全可以借助这一契机，挑战以往落后的生产方式，去大胆探索满足人们追求幸福生活的活动方式，从而制造出新的旅游产品，探索出行业保障的新机制。

（作者：孟磊、闫宜陶、黄捷　　指导教师：唐恩思）

2. 谷慧敏：将二外旅游管理打造成世界一流专业、一流学科

BISU 人物时光纪： 谷慧敏，北京第二外国语学院旅游科学学院教授，中国饭店产业研究中心主任。曾任旅游科学学院院长，“21 世纪人才强教”北京市创新团队学术带头人、“21 世纪人才强教”北京市优秀中青年骨干教师、旅游管理学科学术带头人。2016 年作为教师代表参加李克强总理主持的高等教育改革座谈会，并做专题发言；2017 年，她被挑选参加中央统战部学习黄大年先进事迹精神座谈会，成为北二外教育部黄大年式旅游管理教学团队主要成员；她曾被评为“北京第二外国语学院 2017 年度十大人物”，带着周恩来总理对学校的期望，将“明德、勤学、求是、竞先”的校训精神化于行动之中，为百年二外的宏伟目标贡献自己的力量。

“我们学旅游管理的人心中有个梦，就是紧跟国际理论前沿，脚踏实地，带着强烈的使命感，服务大的国家战略，将二外旅游管理打造成世界一流专业、一流学科。”这是北京第二外国语学院旅游科学学院院长谷慧敏教授在高等教育改革创新座谈会上的发言。

潜心旅游教育，实力收获成果与荣誉

谷慧敏教授曾任北京第二外国语学院旅游科学学院院长、中国饭店产业研究中心主任，为“21 世纪人才强教”北京市创新团队学术带头人、“21 世纪人才强教”北京市优秀中青年骨干教师、旅游管理学科学术带头人。

从教三十三年，谷慧敏教授潜心问道，扎实研究，始终站在旅游与酒店管理研究的国际前沿，把理论思想的种子深耕于中国的产业实践，形成了巨大的学术和行业影

响力；她教书育人，师德高尚，用知识的深度与广度和人文关怀的温度培育出了一届届优秀学子；她勇于担当，致力创新：2016年作为教师代表参加李克强总理主持的高等教育改革座谈会，并做专题发言；2017年，她被挑选参加中央统战部学习黄大年先进事迹精神座谈会，成为北二外教育部黄大年式旅游管理教学团队主要成员；她曾被评为“北京第二外国语学院2017年度十大人物”，带着周恩来总理对学校的期望，将“明德、勤学、求是、竞先”的校训精神化于行动之中，为百年二外的宏伟目标贡献自己的力量。

谷慧敏教授主要研究饭店管理、服务营销、旅游人力资源管理、旅游危机管理等领域。主要著有《旅游危机管理研究》《饭店管理理论与应用研究》《国外著名饭店集团管理精要》《旅游市场营销》《饭店营销学》《国际饭店管理》等。在*Journal of Business Ethics*，*Tourism Managment*，《南开管理评论》《旅游学刊》等国内外学术刊物发表近百篇学术论文；在《光明日报》《中国旅游报》等报刊发表专题资政文章。主持国家社科基金、教育部人文社科基金、北京市哲学社会科学规划项目等课题10多项，并获北京市哲学社会科学优秀成果奖、国家旅游局优秀科研成果奖等科研奖项。

在《旅游学刊》主办的“中国旅游：四十年，再出发”专题研讨会上，北京第二外国语学院酒店管理学院（现改为旅游科学学院）院长谷慧敏教授同参会的旅游学者按照“责任、理性和纵深”的原则，就新时代中国旅游业如何更好地再出发，进行了深入、系统、全面的探讨。

谷慧敏教授在发言中阐述了改革开放四十年来中国旅游业及旅游学科的成就与贡献，分析了中国旅游研究在引入国外先进理念和前沿知识以及在向世界介绍中国情景、中国范式、中国工具、中国经验和中国智慧方面做出的具体贡献，提出在中国旅游再出发进程中的学者角色及研究范式转化，包括实现从中国学者到全球学者的转变和实现从多学科到跨学科再到交叉混合学科型研究的转变等。

竭力做学生的知识摆渡人

北京第二外国语学院旅游团队的老师们扎根讲台，在传授知识的同时，真心关怀每一位学生，竭力做学生学习知识的“摆渡人”。已经有三十多年教龄的谷慧敏教授是最受学生们欢迎的教师之一。她说每一位学生都好像她的孩子，无论他们在学校学习还是毕业，她关注的目光始终不会离开他们。

谷慧敏教授曾在旅游科学学院 2019 级新生开学典礼上对新生们提出了四点要求：第一，希望新生们树立远大目标和可执行的小目标，有责任担当，在实现梦想的道路上稳步前进，要在丰满的理想和骨感的现实差距之间搭建起畅通的桥梁；第二，希望新生们用功勤学，不随波逐流、得过且过，要学会在纷繁复杂中理性判断和深刻思考；第三，希望新生们积极参加各类型的社会实践和公益活动，在这个过程中发展自己的能力；第四，希望新生们珍惜校园时光，保持定力，不要在刷屏和游戏中虚度年华。要充分利用好课堂学习、学术讲座、图书馆资料、学术数据库、社会实践和考察等学术资源，过充实有意义的高质量大学生活，塑造一个全新的自我。谷慧敏教授希望旅游科学学院的新生们坚定信念，崇尚奋斗，成为既有国际视野又有家国情怀、勇于担当时代责任的优秀“旅科人”！

当二外优秀的毕业生们即将离开母校，扬帆起航，谷慧敏院长期望同学们在走向社会的过程中能够踏着自己的节奏去奔跑，为梦想打拼。谷慧敏教授曾在 2019 届毕业典礼上殷切叮咛同学们：“你们的未来山高水长，尽管我们不能并肩前往，唯愿云淡风轻、天舒地朗！请记住这片你们肆意挥洒青春的热土，请记住这里有时常牵挂你们的老师，请记住这里是你们永远的精神家园！”谷慧敏院长谈到，2019 届毕业生是旅游科学学院正式更名后的首届毕业生，也是缔造旅游管理学科成为北京高精尖学科的一分子。她对毕业生们寄予希望并送出最真挚的祝福：“希望你们的内心如孩童般对未来保持简单而充沛的热情，希望你们的躯体如壮年般对未知敢拼敢干、敢于尝试，希望你们的头脑如长者般对未果审问慎思、明辨笃行。”

“师者，所以传道、授业、解惑者也。”二外新闻网曾在第 34 个教师节时采访了一批学生和他们最喜欢的老师，带领大家走进北二外师生背后的动人故事。学生渠蓓佳分享了她和谷慧敏老师的故事，在她看来，谷慧敏教授“没有一丝高冷的距离感”。她还记得第一次见到谷慧敏时，是在求是楼的电梯里。渠蓓佳回忆进电梯的时候，里面只有她一个学生，剩下的全部都是老师，当时她特别紧张，眼睛不知道往哪儿看。“这个时候，我的视线跟谷老师对上了，她对我特别温柔地笑了笑，我当时就觉得这个老师真的是太和善，太好了，如果她是我的老师就好了。后来惊喜地发现，自己的愿望成真了。”

谷老师平时的工作非常繁忙，但是学生们知道如果有问题私下请教她，无论多晚她都会回复。渠蓓佳说有一次她遇到一个很小的问题，但就是绕不过弯来，在晚上 8 点左右发消息问谷老师，第二天打开手机查看消息的时候，看到谷老师半夜十二点回复了消息，而且解释得非常清楚、专业。学生从日常点点滴滴的接触中，能够了解到她是一个润物无声、负责任的好老师。

脚踏实地，努力打造二外旅游管理

2016 年 4 月 15 日，中共中央政治局常委、国务院总理李克强在北大组织召开高等教育改革创新座谈会，谷慧敏教授在会上代表二外做了精彩的发言，并和总理进行了交流。

她表示，当前国家提出了供给侧结构性改革、“互联网 +”“一带一路”等一系列重大战略，这对高校人才培养结构和培养质量提出了新要求，也对高校教师能力提出了新挑战。她在发言中强调了提升高校教师复合型素养和创新型素质的重要性，并结合北京第二外国语学院特色，阐述了二外对于复合型人才培养的新模式：学校推行了“外语 +”的人才培养新模式，开设了中东欧十六种语言课程，在横向上推行外语与专业的融合培养，要求学生既学习非通用语，又学习专业，造就高水平的复合型创新人才。

面对复合型人才培养的新挑战，谷慧敏教授也提到，高校老师都是在传统专业型人才培养模式下成长起来的，面对复合型人才培养有着先天的不足，急需更新知识结构和提升创新素养。二外教师对自己的课程进行了重新设计，从宏观上调整了课程方向，从微观上调整了课程内容，以便更好适应这一新型培养模式。

用我所能，助力抗疫

疫情期间谷慧敏教授受邀参加北京广播电视台科教频道“健康北京”推出的《众志成城 防控疫情》特别节目。谷慧敏教授就定点隔离酒店健康问题向公众做宣传，并解答公众关心的问题。

2020 年 3 月 16 日和 3 月 20 日，谷慧敏教授文章《高度重视境外输入风险提升酒店业应对疫情能力》和《酒店业如何应对境外输入风险》分别在《光明网》和《北京日报》发表。在文章中，谷教授对酒店业如何应对境外输入风险提出对策建议。第一，要充分认识境外输入疫情的艰巨性和复杂性，按照底线思维来做好定点隔离酒店的计划。第二，要充分认识国际公共卫生防范的复杂性和全局性，按照多元协同的思维来提前建立协调沟通和决策机制。第三，要充分认识突发性公共卫生危机下旅行防控工作的复杂性，按照严防严控要求开展酒店标准制定及人员培训。第四，要充分认识海外归国人员和境外人士的文化理念和生活习俗的差异性，通过多渠道加强对外宣传，提升对我国新冠肺炎防疫政策要求的理解和配合，维护国家良好形象。

在中国旅游研究院联合地方文化和旅游厅（局）以及部分旅游企业共同举办的“国内旅游市场振兴与目的地高质量发展线上座谈会”上，谷慧敏教授针对疫情过后文旅市场新趋势的相关话题表示：景区人脸识别、视频会议、机器人导游、虚拟现实与增强现实等服务模式将越来越普及，应以平台加颗粒的模式开展深度数字化旅游目的地打造，将产业链上的旅游者、旅行社、酒店、监管部门等众多的颗粒加上智慧旅游的平台，用科技来赋能，以最低的交易成本和最高效率带来服务和商业模式的变革。

面对疫情，部分旅游企业的自救方法值得点赞。谷慧敏教授表示：“在需求基本为零的当下，对于酒店业者来说，各种形式的节约成本也是“自救”的方式。对此，一些仍在营业的酒店，已从关闭部分楼层或只开放少数楼层入手，通过集中管理来控制相应成本的支出。”“除了一味地‘熬’，酒店及旅游企业也应理性分析，在几个月需求回弹后，能否抓住需求。员工、品牌方、业主方应该共同努力，发挥企业文化的作用，适当进行业态转变，进一步分析客户关注点，积极进行转型。”

北京第二外国语学院旅游科学学院所赋予同学们的绝不仅仅是“传道、授业和解惑”，更为重要的是，培育作为二外“旅科人”精益求精、敬畏自然和恪守商业伦理的心智与修为，以及作为新时代青年的家国情怀、人类关怀和全球视野。谷慧敏教授三十年如一日精心备课、潜心教学，用爱岗与敬业谱写着人民教师的伟大诗篇。

（作者：刘亨容　唐恩思）

3. 邹统钎：乌兹别克斯坦这所新型大学，我全程参与创建

BISU人物时光纪：邹统钎，北京第二外国语学院校长助理、中国文化和旅游产业研究院院长、丝绸之路国际旅游大学校长特别顾问。2019年7月受聘丝绸之路国际旅游大学校长特别顾问，参与丝绸之路国家旅游大学创建工作。2020年1月9日在全国性旅游发展培训项目“Preparing Specialists for Tourism Industry in the Era of Globalization”（“全球化背景下旅游人才培训项目”）中主讲《中国出境旅游市场新趋势》。在撒马尔罕期间应州政府邀请参加了撒马尔罕州旅游发展研讨会，做了《撒马尔罕如何开拓中国旅游市场》的专题报告，为撒马尔罕州旅游产业发展献计献策。

乌兹别克斯坦，因其独特的地理位置被誉为欧亚十字路口，这颗古丝绸之路的璀璨明珠被《孤独星球》评为2020年亚洲最佳旅行地。5月11日，由联合国南南合作办公室海陆丝绸之路城市联盟组织的中国－乌兹别克斯坦文化旅游产业网络研讨会（Sino-Uzbekistan Culture and Tourism Webinar）在中国与乌兹别克斯坦举行。北京第二外国语学院校长助理、中国文化和旅游产业研究院院长、丝绸之路国际旅游大学校长特别顾问邹统钎教授应邀出席，并发表“中国旅游新冠疫情后的复苏战略（Strategies for China's tourism recovery from COVID-19）”主旨演讲。他分析了新冠疫情对世界及中国旅游产业的影响、未来趋势预测、中央与地方政府以及企业应对策略，就乌方关注的文化和旅游夜间经济、疫情期间产品质量与优惠政策等问题进行了解答，对乌兹别克斯坦疫后旅游复苏战略提出了建议。邹统钎教授提出的发展周边游、国内游，疫情分区管理，财政补贴与免税等举措均被乌兹别克斯坦采纳并应用，这对于推动乌兹别克斯坦新冠疫情后迅速恢复旅游业起到重要作用。

奔波在中乌两国间的旅游特别顾问

“丝绸之路”国际旅游大学位于乌兹别克斯坦第二大城市、帖木儿的故乡、世界遗产之城撒马尔罕（Samarkand）。整个撒马尔罕古城被列为世界遗产。“整个国家具有强烈的改革开放与发展的愿望，他们期望中国给予各种支持、帮助。”这大概是乌兹别克斯坦带给邹统钎教授最深的印象了。

“丝绸之路”国际旅游大学是依据乌兹别克斯坦 2018 年 6 月 28 日总统令创建的新型旅游大学，是“一带一路”中乌国家合作项目。2018 年青岛上合峰会上，习近平主席与乌兹别克斯坦总统米尔济约耶夫总统就共建丝绸之路国际旅游大学达成原则性共识。乌方通过中国外交部经北京市相关部门推荐由北京第二外国语学院承担此任务。校党委书记顾晓园亲自部署，校长计金标统筹组织，把此项任务当成学校服务国家“一带一路”、北京建设国际交往中心、旅游教育国际输出的一项重要工作。

2019 年 7 月，应乌兹别克斯坦国家旅游发展委员会邀请，经我国外交部相关部门推荐，受北二外统筹安排，校长助理、中国文化和旅游产业研究院院长邹统钎受聘丝绸之路国际旅游大学校长特别顾问，参与丝绸之路国家旅游大学创建工作。2019 年 12 月至 2020 年 1 月，邹统钎教授再次赴“丝绸之路”国际旅游大学（SRIUT：“Silk Road” International University of Tourism）参与大学创建并授课。

10 月，李小牧副校长亲自接见了到访的丝绸之路大学第一副校长 Azamat Akbarov 博士，就双方合作达成了一致。北京第二外国语学院与“丝绸之路”国际旅游大学签订了涉及顾问派遣、学生教师交流、师资援助、科研协作、教学资源共享、开拓全国旅游院校与旅游机构资源等方面的详细合作协议。

12 月 15 日，乌兹别克斯坦主管教育、旅游与体育的副总理 Aziz A. Abdukhakimov 在塔什干总理内阁府接见了邹统钎教授，交流讨论了如何合作建设好由两国政府首脑签约共建的丝绸之路国际旅游大学。12 月 15 日，邹统钎教授接受乌兹别克斯坦国家旅游发展委员会主任、丝绸之路国际旅游大学执行校长 Abdulaziz U. Akkulov 签署的顾问聘书。

为丝绸之路文化学术交流播撒希望的种子

“乌兹别克斯坦的大学国际化程度还是很高的，很多人能讲俄语、英语、乌兹别克语、波斯语等多国语言，拥有海外留学背景的人才和外籍教师很多，这对于建设国际大学有着天时地利人和的优势。”邹统钎教授说。

为了更好地推进大学建设，2019 年 7 月，邹统钎应乌兹别克斯坦国家旅游发展委员会邀请，在副校长 Bakhodir Turaev 教授陪同下，对学校的管理团队、师资、学生、新校园、基础设施与教育技术配套设施等进行了全面考察，与师生进行座谈与交流，并对大学战略规划、校园建设、专业方向设置、人才培养方案、国际合作等提供战略咨询。他还参与本科、硕士与博士人才培养方案、课程设计与建设，全英文为本科生讲授“旅游目的地开发与管理”，为研究生与教师开展“中国出境旅游与消费行为”的系列讲座，为远程教育学生做专题讲座。

在乌期间，经邹统钎教授倡议，得到乌兹别克斯坦主管旅游的副总理赞同支持，由乌兹别克斯坦国家旅游发展委员会推动组织，2020 年 1 月开展了全国范围的“如何接待中国旅游者”的行业培训，邹统钎负责主讲“中国出境旅游市场趋势”“中国出境旅游者消费行为”两个专题。

2020 年 1 月 9 日，由乌兹别克斯坦国家旅游发展委员会组织、丝绸之路国际旅游大学承办的全国性旅游发展培训项目“Preparing Specialists for Tourism Industry in the Era of Globalization”（全球化背景下旅游人才培训项目）启动，邹统钎教授主讲《中国出境旅游市场新趋势》。在撒马尔罕期间，邹统钎教授还应州政府邀请参加了撒马尔罕州旅游发展研讨会，做了《撒马尔罕如何开拓中国旅游市场》的专题报告，为撒马尔罕州旅游产业发展献计献策。

邹统钎教授组织丝绸之路国际旅游大学本科生、研究生赴北京第二外国语学院交流学习旅游管理的宣讲与申请工作，第一批本科生、研究生于 2020 年来二外交流；同时开拓联系多所国内外相关大学开展课程、师资、科研、国际交流共建，如筹备轮流举办“一带一路”旅游论坛等。

“近期我们重点准备组织 UNWTO-TedQual 认证，提了关于 UNWTO-TedQual 认证的七条建议，把北京第二外国语学院旅游管理专业认证的经验传授给丝绸之路国际旅游大学。”担任此次认证领导小组成员的邹教授介绍说。

（作者：唐恩思）

4. 厉新建：用真才实学赢得学生喜爱

BISU 人物时光纪：厉新建，北京第二外国语学院首都文化和旅游发展研究院执行院长，中国旅游改革发展咨询委员会委员兼副秘书长，世界旅游城市联合会专家委员会特聘专家。受聘中国社会科学院旅游研究中心特约研究员、北京市东城区人才工作专家、《旅游导刊》编委、《旅游论坛》编委。主持国家社科基金项目、国家旅游局、铁道部、北京市哲社规划项目等多项国家级、省部级课题，参与北京市科技创新平台、北京市学术创新团队等多项课题，入选首批国家旅游局旅游业青年专家。获国家旅游局优秀旅游学术成果一等奖、国家商务部“十一五”规划征文一等奖、第九届北京市哲学社会科学优秀成果奖二等奖、北京市高等教育教育教学成果二等奖等 10 多项省部级奖励。

很多旅游科学学院学生对厉新建教授的第一印象就是“严肃”。“在学校见到老师的时候他永远都是西装革履的样子”“他特别爱穿衬衫”。平日在学术上的严谨与一丝不苟已经深刻地融入厉新建的生活之中，然而在这份“兢兢业业”的背后，不少同学对厉新建老师私下写的短文诗篇也是十分佩服。

用“铁肩”承担着教书育人和科研发展的重任，用“妙笔”书写着生活里那些温情的点点滴滴，我国首届旅游教育名师、二外翔宇金牌指导教师厉新建用他有态度有温度的人生哲学培育了一届又一届的二外学子。

心系祖国，“疫”路相伴

面对新冠疫情的突然发生，厉新建老师在其工作之余，于 2020 年 1 月底就开展了专门研究，接受了《人民日报》等的采访，在《光明日报》《经济日报》先后发表了多篇相关研究文章，撰写的多篇研究成果获有关部门采用，充分展现了一个“铁肩担道义”的“二外人”形象。

对于旅游业“停摆”的影响，厉新建认为，从行业类型看，旅行社、住宿领域会受到比较大的冲击。从企业规模看，相比大企业，中小企业因为自身抗风险能力相对较低、主要靠业务带来现金流维持正常运转的原因，会受到更大的冲击。但是大企业如果不提高单客盈利能力，不提高技术能力，不提高人员现代服务能力，那“大”不仅不是优势，反而是劣势。

厉新建进一步表示，业务停滞对中小企业来说是生死存亡的考验。旅游行业中的大企业、集团性企业，尤其是有市场竞争力的大企业（集团）仍是少数；旅游行业中还是以中小型旅游企业为主，它们抗风险能力弱，但与稳定就业、扶贫攻坚、乡村振兴、激活消费等国家战略密切相关。也正是因为中小企业对政府宏观目标具有重要影响，所以国家政策高度关注疫情期间中小企业的生存状况。

虽然疫情带来的打击是严重的，但是厉新建对未来依旧满怀信心和希望。他表示，疫情并不会改变旅游业长期向好的趋势，旅游已成为人民美好生活的新期待。但旅游业的发展还是要立足长远，而不是简单地期待短期的所谓“报复性反弹”。对于企业如何生存发展，厉新建在二月份的多场公益直播中给出了相关建议：

第一，不要盲目乐观地估计疫情结束时间。要有积极思维，要密切关注中央应对疫情工作领导小组及联防联控机制新闻发布会相关消息。

第二，要客观看待。疫情结束后市场会有一个心理缓冲期，旅游需求难以快速爆发性增长，而且各地为了巩固疫情防控成果，应该会非常谨慎对待市场启动问题。

第三，要考虑长远发展，而不对所谓的报复性增长有不合理的期待；要适应疫情对人们消费心理的影响而增加的相关检测设施与防疫举措，要面向企业员工进行相关的知识培训。

作为旅游行业的专家，厉新建承担起责任，为旅游行业从业人员给出最中肯的建议。他对国家的经济损失做出了一定的预测，同时也为规避风险做出贡献。他用自己的行动提醒二外学子：不论身处任何职位，面对国家的灾难与困难，都应该尽自己绵薄的力量在自己身处的领域做出贡献。

结缘旅科，结缘二外

作为如今国内旅游管理领域的知名专家，厉新建从大学伊始对旅管的初心就未曾改变："至于如何与旅游管理这个专业结缘，倒是有一段小故事。"他笑谈道。当年他填报高考志愿时，受限于农村的封闭环境以及当时的科技水平，对于大学的专业划分并不太了解。想起高中班主任和他们聊天时谈到，他以前的学生提到过酒店经理有免单的权利，觉得在酒店这么高级的地方吃饭，有权签单不用付钱，在当时看来是一件了不起的事，所以在填志愿时就报了杭州商学院（现浙江工商大学）的餐旅企业管理专业，由此进入了旅游管理领域。

进入大学后的厉新建在良师的指引下，结合自身兴趣，在旅游学科领域不断探索。研究生毕业后的他在求职期间，恰逢二外在招聘教师，在原旅游管理学院（现旅游科学学院）张辉院长的建议下，厉新建来到二外应聘面试，最终凭借出色的专业知识与个人素养，顺利通过了试讲。

谈起第一次走上二外讲台的经历，厉新建说当时最主要的感觉就是"紧张"，总是害怕自己准备的讲课内容不够讲，怕准备的内容讲完了但还不到下课时间，所以在备课的时候都多备了些教学内容。

后来这种"多备课"的习惯被他一直保留了下来。如今，厉新建作为北京第二外国语学院旅游科学学院教授，还身兼首都文化和旅游发展研究院执行院长、文化和旅游部"十三五"规划专家委员会委员、世界旅游城市联合会特聘专家等多项兼职，一贯坚持着对自己严格的学术要求与一丝不苟的传道授业精神。

用真才实学赢得学生喜爱

"多备课"不光是本领域内的知识扩充，更多的是学科之间的交叉融合。平时的厉新建总是充分利用闲散的时间，借助智能手机，多看书多记录，尤其会把自己一些临时想到的火花及时记在备忘录中。他在积累本专业的知识之余还会多看些专业以外的书，以助于学科交融。

不少听过厉新建老师讲课的同学总是会不约而同地评价他"博学多识""上课表情严肃不过能学到很多知识""知无不言言无不尽地回答着同学们的每一个问题"。他希望自己能成为同学们的鼓励者、引导者和资助者：鼓励学生勇敢地去尝试和探索；适当对研究的方向给予指导和帮助，同时给学生的学习研究提供适当的经费支持。为了最大限度地鼓励旅游管理专业学生的学习和研究，他还主导建立了学院最为完整的奖、助学金体系，以及学校首个百万级的蜗牛旅游教育发展基金。

从 1999 年 7 月进校到如今，他教学已有二十年。借助二外搭建的国际化平台，厉老师兼任全国休闲标准化技术委员会委员、农业部全国休闲农业专家委员会委员、山西省旅游发展专家咨询委员会委员兼旅游产业专业委员会副主任、内蒙古旅游咨询专家委员会副主任委员、福建省旅游产业发展咨询专家委员会委员、新旅游 30 人论坛联合发起人等多项职务，并受聘中国社会科学院旅游研究中心特约研究员、北京市东城区人才工作专家、《旅游导刊》编委、《旅游论坛》编委。厉新建在教学与科研领域不断进步，在教学相长的观念下，他将“亲其师，信其道”作为自己在教学方面的座右铭。他希望通过在学术研究上的建树和行业影响上的积累，形成自己的高度，让学生们觉得他们的老师是有真才实学的人，是值得他们敬仰的人，这样他所教授的东西可能也更容易被学生们所接受。他指导的本科生获得多项国家级大学生科研计划资助以及红色旅游线路设计大赛奖项，培养的研究生 4 人获国家奖学金，6 人次获校“学术之星”和单项奖学金，4 人获省部级英才计划资助，指导研究生在 *Tourism Management*，*Journal of Travel Research*，《旅游学刊》等权威刊物上发表近 10 篇论文。

心怀理想，每天都是希望

以前的厉新建很喜欢运动，尤其是踢足球、打羽毛球之类的，现在因为各种工作多了，运动少了，但他仍然坚持听音乐，尤其是喜欢在写稿子的时候听轻音乐。谈起对音乐的喜爱，他坦言道：“不是因为欣赏，而是音乐有一种神奇的力量，可以把我从纷杂的环境中分离出来，让我安静于自己的思考。”

在 20 年的教学生涯中，他很享受教师这个职业带来的各种人生体验。他笑言：“都说学校是‘铁打的营盘，流水的兵’，但恰恰是在跟每年变化的学生打交道的过程中，让自己忘了年龄，从同学们身上获取了超越年龄的快乐；更是从一茬又一茬的学生们的成长、成熟、成功中获得了超越自我生命的快乐。”他经常对学生们说：“你们成长，老师开心。”

厉新建在不断钻研教学的过程中，不仅推动了“中国旅游发展 · 北京对话”第一次走出校园走出北京，推动创建了“智慧旅游与营销年会”“中国青年旅游论坛”，推动了全国大学生红色旅游创意设计大赛的赛区制以及与地方政府的深入合作等工作，也将自己的旅游学研究写成了一篇篇论文，是国内最早系统性进行全域旅游理论研究的学者。

厉新建在科研的道路上从未停滞不前，他主持国家社科基金项目、国家旅游局、铁道部、北京市哲社规划项目等多项国家级、省部级课题，参与北京市科技创新平台、北京市学术创新团队等多项课题，入选首批国家旅游局旅游业青年专家。获国家旅游局优秀旅游学术成果一等奖、国家商务部“十一五”规划征文一等奖、第九届北京市哲学社会科学优秀成果奖二等奖、北京市高等教育教学成果二等奖等10多项省部级奖励。近些年在《光明日报》（理论版）、*Tourism Management*,《商业经济与管理》及《旅游学刊》等核心期刊上发表《假日经济现象的理论透视》《中国旅游经济增长实现路径分析》《旅游产品特点、消费技术与景区解说系统》《全域旅游：建设世界一流旅游目的地的理念创新》等文章数十篇，著有《中国旅游经济发展与创新》《中国旅游业跨国经营新论》等著作多部。最近国家社科规划办通知，他作为首席专家的国家社科重大项目已获正式立项，这也是北二外旅游领域的首个国家社科重大项目。

对于厉新建来说，光阴的更替不仅仅是数字变换那么简单，在一次次的教学与研究中，每一年的心境和感悟也总是和上一年有所不同。在临近2019年年末时，被再一次问起这一年的年度感慨，他沉思片刻却又简洁地回答道：“心怀理想，每天都是希望。”

春风化雨，不忘教师之叮咛：素手成章，将以铁肩担道义；挺身而出，以己之力护华夏。厉新建教授用他严谨的学术态度、诚恳的教学热情、忠诚的爱国之心培养了一批又一批心系祖国、功底扎实、诚恳学术的二外学子，将二外人“明德、勤学、求是、竞先”的精神传递到了世界各地！

（作者：曹程、罗丽莎　　指导教师：唐恩思）

5. 崔莉：生态文明的践行者与传播者

BISU人物时光纪：崔莉，北京第二外国语学院旅游科学学院教授，中国生态文明治理现代化研究院执行院长，文旅部青年专家。是2020年福建省个人科技特派员及2020年福建省浦城“农业生态银行”服务团队发起人，主持多项省部级及其他课题研究，先后出版中英文著作7部，在《管理世界》《旅游学刊》《生态学报》等期刊发表学术文章20余篇，在产学研转化方面成果突出。研究成果曾荣获文化和旅游部优秀研究成果奖（资政报告）三等奖；提出“生态银行”创新理论体系，在福建南平市生态银行实践试点取得成功，实践成果被中央电视台新闻联播头条报道。

崔莉教授是北京第二外国语学院旅游科学学院教师，她的课程因将教学理论与实际案例很好地相结合而受到学生们的热烈欢迎。犹记得沙盘模型课上，崔莉通过沙盘模型的动手实践，让旅游管理专业的同学们在领悟到旅游规划理论知识和精髓的同时，激发了大家的创作与团队合作精神。同学们兴致满满，收获颇丰。

崔莉毕业于北京林业大学生态学专业，她牢记“知山知水，树木树人”的北林校训，深刻把握生态系统可持续经营的内涵，将生态学的思想始终如一地贯穿于她的教学和生态旅游规划的实践中。崔莉不仅教学经验非常丰富，优秀的旅游规划案例和生态文明研究成果也非常丰硕。现在，通过她的规划成果，让我们一起看看她是如何将理论与实践相结合，践行和传播生态文明的。

荒滩变传奇旅游——推动生态资源价值实现

美丽的辽宁盘锦红海滩风景廊道景区是由崔莉精心规划指导的。她用专业化的理论知识、国际化的视野与对大自然的热爱，将一段废弃的海滨公路和一片荒滩打造为国内外知名的旅游胜地，规划创意铸造旅游经济，以生态开发理念保护了自然。红海滩国家风景廊道景区的成功建成，也助推了盘锦市从资源枯竭型城市向旅游城市的成功转型，塑造了红海滩湿地旅游品牌。

在红海滩国家风景廊道景区品牌成功打响后，与时俱进的崔莉老师又提出“红海滩 +”的旅游发展战略，为盘锦大洼区规划设计了“稻田慢行系统”“稻田认养”“稻香汤宿”“可食花园”“青蛙乐园”等乡村旅游项目，开辟了大洼区全域旅游发展模式。将农村改造为乡村度假文创村落，实现了“旅游 + 农业 + 互联网”的新模式，成为当地政府引导农村经济转型的成功案例与标杆。

崔莉还受邀出席联合国教科文组织（2018）文化与教育单元年会，代表中国进行可持续发展的演讲。会上她将自己规划设计辽宁盘锦红海滩风景廊道景区和乡村旅游项目的成果和方法分享给大家，赢得与会国家代表的一致好评。

谋划建设“生态银行”——促进闽北绿色发展

“生态银行”是崔莉践行生态文明，响应党和习总书记号召的优秀成果。2017 年 12 月，她承担了《南平生态银行试点方案》的设计和撰写工作。她带领课题组深入到福建南平各县（市、区）调研，系统提出了南平市“生态银行”建设的理论架构和实践试点方案。“生态银行”实质上是通过对生态资源的重新配置和优化利用，实现综合效益最大化，解决资源变资产变资本问题，打通生态产品价值实现路径。经过持续两年的探索，崔莉老师构建的“生态银行”模式已成为南平市三大绿色发展战略之一，得到福建省及中央部委的高度肯定，并且吸引了各大媒体的关注与报道。

2018 年 4 月 23 日，《南平生态银行试点方案》论证会在国务院参事室举行，与会专家对南平“生态银行”试点方案从顶层定位到实施细节进行了详细的论证，一致认为，“生态银行”在理论创新及实践上大有可为，具有极其重要的现实意义和推广价值。

“生态银行”是一项自然资源产权改革的创新工作，为了让干部群众更好地理解“生态银行”，崔莉老师分别在 2018 年 7 月、2019 年 4 月在南平市委理论中心组扩大学习会上做了两次报告，并深入到县、乡、村进行调研、访谈、座谈，不断完善试点方案。

从辽宁盘锦红海滩风景廊道的规划到福建长汀县河田“两山”实践创新基地示范区规划，再到南平“生态银行”的谋划，崔莉一直在用她专业的心做专业的事，在实践中践行生态文明建设，在教学中传递生态文明理念与知识。

旅游规划专业教学——传递生态文明

崔莉常说“实践出真知”，因此她非常注重理论教学与实践教学的结合，尽可能地让学生参与到旅游规划实践中。她带领旅游管理专业的同学参加了北京飞人基地实践教学，为同学们上了一堂受益匪浅的课程。除此之外，崔莉老师还带领学生参加《福建长汀县河田“两山”实践创新基地示范区规划项目》，向学生讲述了习近平总书记曾五次到长汀调研，并对长汀水土流失治理做出了重要批示，讲述党和国家在生态文明建设方面，“滴水穿石、点绿成金”的生态文明治理理念和实践。通过向同学们展示长汀县河田镇“两山理论”实践创新示范区生态修复对比图，揭示出该园区的建设将深刻地教育人们“绿水青山就是金山银山”。让学生了解项目的背景和意义后，她提出将生态文明建设成果与水土流失治理经验旅游化，把生态文明治理成果用旅游的方式呈现出来，让游客在旅游体验中感受长汀从“火焰山”变成了绿洲的生态治理过程。通过案例教学，同学们不仅深入学习了生态旅游规划知识，也感受到了生态文明建设的重要性。学生们在提高专业水平的同时，更加了解中国水土流失治理、生态修复的世界典范经验。

共克时艰——为疫情尽一份力

“一方有难，八方支援”。在疫情肆虐之初，北二外许多教职工自发通过各大基金会和志愿者协会等途径捐款或购买医疗物资支持武汉抗疫。新型冠状病毒引发的肺炎疫情发生初期，是口罩出现“一罩难求”的困难时期，崔莉老师一直心系疫情。为了让抗疫一线的医护战士们多一份保障，她托朋友从日本自费购买了 300 支 3M 口罩捐赠给了武汉一线医护人员。她还在民盟二外支部组织盟员教师开展了抗击疫情爱心捐款活动，并将用善款购买的 3000 只医用手套捐赠给校医院，为学校做好疫情防控工作提供了帮助。“疫情发展迅速，我当时心里很着急，购买到口罩后希望能够直接捐赠给武汉医院的医护人员，后来了解到个人不能直接捐赠，在学院书记和工会老师热情帮助下，这批口罩通过多方力量顺利送达医护人员手中。”2月20日，崔莉再度向南平市支持湖北医务人员捐款10万元。她得知南平市57名医务人员赴武汉前线支援，连夜通过南平市卫健委联系市红十字会，她表示：“我一直十分感谢南平人民在开展课题研究期间给予我们的无私帮助与支持，所以我希望能将此捐款用于补充赴湖北一线医护人员的医疗防护物资，以尽绵薄之力。”

危难关头，守望相助的力量不断汇聚。崔莉从得知疫情、到处找渠道购买口罩、了解捐赠流程，到最后口罩顺利送到一线医护人员手中，可以说是好事多磨。崔莉说自己只是尽了绵薄之力，不值一提。“疫情面前，一线医护人员舍生忘死的救死扶伤精神让我深受感动，尤其是国家在疫情发生后不久做出的一级响应，全力保护人民的生命健康，让人油然而生民族自豪感。作为一名高校教师，能为抗击肺炎疫情做一些力所能及的事情，很值得，也很光荣，这也是作为一名教师的责任和使命。”崔莉说，她同时非常感谢帮助她联系购买口罩和捐赠渠道的朋友们，没有他们的帮助，她也没有办法在最短时间内采购到口罩并运送到医院前线。

在这次疫情最危急的时候，崔莉老师尽自己最大的努力帮助了一线的医护人员。这是她的一份爱心和一份信心，她坚信：“通过所有人齐心协力，我们有信心、有能力、有把握打赢这场疫情防控阻击战。”

（作者：唐恩思、赖梦丽、段雨彤）

6. 黄震宇：以诗意匠心传递传统文化

BISU 人物时光纪：黄震宇，北京第二外国语学院旅游科学学院教师，毕业于北京林业大学风景园林系（现园林学院）风景园林规划与设计专业。主要专业特长：旅游规划设计与研究、景观规划设计与研究、计算机辅助设计。主要编写教材与著作：《3D max 建筑装饰与设计》《导游知识读本》《中国古代建筑与园林》等。主要参与编写旅游发展与开发规划如广西壮族自治区旅游产业发展规划、福建省旅游发展总体规划、2007—2010 北京旅游委“一村一品”策划项目等。

2019 年 9 月初，历时半载的《什小海与中轴线》绘本创作终于完成：“没想到还真做成了。”黄震宇说。这项为了配合北京中轴线申遗的文化传承项目，由什刹海风景区筹办。在已经和风景区开展过多次合作之后，黄震宇接手了这个项目——创作一个讲述和普及中轴线内涵的文化历史绘本。

从构思到成稿，绘本的创作中有很多困难，也带给了黄震宇很多收获。于他而言，这是一次创新性的挑战，更是自己长期对文化思考的输出和实践。

让什小海这个卡通人物鲜活起来

当什刹海风景区联系黄震宇进行绘本合作时，他的第一反应是“还挺有意思的”。加之以前自己从未接触过这种项目，因此决定试一试。

但彼时景区方面只给了两样东西：主要人物——“什小海”、大致方向——“中轴线”。因此，如何着手具体操作成了难点。

黄震宇作品

首先是确定基本组织架构，即故事情节，如何把中轴线上从永定门到钟楼的每个节点串联起来，但同时又不能像流水账？在前期工作中黄震宇一直在思考这个问题。

最终，他选择用“通关”的形式连接各个节点，将中轴线的沿线地点设置为一个个“关卡”，让主人公“什小海”以闯关的方式走完全程，每到达一个目的地就会介绍与之相关的文化知识。比如在讲钟鼓楼那一章时，书中就介绍了“晨钟暮鼓”的典故。最终黄震宇希望读者们对中轴线有一个较为全面和宏观的认识。

第二个困难在于画法。黄震宇一开始尝试过使用水粉，因为水粉的表现力很好，但试画一张后却觉得风格太“死”了，水粉的随机性不好，而且速度也很慢。后来黄震宇改用水彩，但也有很多种画法：淡彩、钢笔淡彩、纯水彩。经过多次尝试，最后他选择采用纯水彩和线描去刻画人物，他觉得水彩的风格类似于国画，“更适合传统文化的主题”。

“什小海”这个人物是什刹海风景区的既有卡通形象，而在绘本中它被黄震宇赋予了更多的性格和鲜活性。它机灵、调皮、充满活力，但同时也有一些缺陷。“他肯定不是一个‘完人’”，在创作过程中黄震宇把它想象成一个自己熟识的孩子，因而赋予了他“贪玩”“不认真”的个性；但同时闯关的过程也是他成长的过程：在遍访老店时更加有耐心、在做护旗手时更加热爱国家、在钟鼓楼更懂得了责任……因此故事本身蕴含了黄震宇对小读者们的期待。

为了将传统文化以生动的形式传递给小朋友们，黄震宇咨询了身边为人父母的同事，了解孩子们的接受水平，同时自己也买了一些绘本进行参考。有一次他想插入关于斗拱拼接方法的知识，但发现难度太高，只好作罢。在过程中他也不断把成果拿给同事看，因此而去除了一些专业性的成分。最终成稿时，小朋友们很喜欢，有人还想拿到学校去“显摆”。

文化要融合，更要特色

在日常生活和教学中，黄震宇已经对中轴线文化有很多了解和关注。

在指导 2018 届毕业生的论文时，黄震宇就设计过类似题目：设计提升中轴线游客认知的方案，意图让学生通过设计线路、新的导引系统和标识系统去提升人们对中轴线的印象。他认为现在的同学们对于中轴线本身、与旧城的关系、意义和用途等知识都了解甚少，出这样的题目本质上和设计绘本的出发点是一致的——让大家了解这种文化。

黄震宇从小住在西单附近，是个“老北京”，受家人的影响，自小对于城市的骨架和格局有一定了解。“这些东西都很有意思”，他认为北京每个地区的文化都不同，比如东城人和西城人说话方式都是不一样的。

参加工作以后，黄震宇对文化的见解不再仅仅局限于北京。刚来到二外时，他在学校的旅游研究所工作，主要研究“规划”，从 1997 年至今为各地编写了二十余份旅游发展与开发规划，包括广西、贵州、山东、福建等地。只有经过了对当地自然资源和人文资源充分了解后，才能写出合理的规划方案，因而这种经历丰富了黄震宇对各地风土人情的理解。

黄震宇印象最深的是去内蒙古的陈巴尔虎旗，人们在那达慕大会上穿着节庆的民族服饰，骑马、摔跤、喝酒，那种浓浓的草原味道让他感到了民族文化和地域文化的魅力。

在领略过各地的多样文化后，黄震宇越发觉得文化应该是多元的，每一种文化的标志性特色是什么，在于它所展现出来的是哪一面。就像北京，除了中轴线还有大兴机场，传统与现代文化并存造成了它的多面性。

“但就怕所有的城市变成一个样子”，黄震宇认为文化融合的最终目的在于梳理出它的特色，而不是迷失。正如室内设计的“混搭”，通过这种方式来展现文化并非无法接受，但一定要保留自己文化最突出的特色。尽管一直生活在北京，黄震宇却觉得自己现在已经不清楚对这个城市的印象了。经济的快速发展和外来文化的涌入，带来的是北京特色的模糊，他认为现在的人们对于北京的印象多是“片段式”的，只能分割来评价。

相比之下，黄震宇还是喜欢自己小时候的北京，就是胡同、京腔、自行车，特别安静。那时候的北京可以让人清晰地感知到它的特色，就像电影《十七岁的单车》所展示的那样。

身处旅游科学学院，黄震宇有机会将自己平时的思考融入实践中。在合作绘本之前，他就曾处理过景区的胡同数据，做公示与标志牌，设计文化宣传册。他认为，大规模复制传统建筑已不切实际，也不适应经济发展的需要，要想在钢筋混凝土和玻璃门窗中展现本地特色文化，可以从细节出发，添加一些文化符号来体现不同。因而黄震宇觉得文化符号在当下是很重要的，文化符号主要通过人的行为举止展现出来：“归根到底还是人的精神最重要。”

工作与兴趣两不误的文艺青年

实践并非是黄震宇将自己的思考外化出来的唯一途径，他平时教城市设计课，会将关于城市格局、城市性格、城市文化等内容介绍给学生们。他认为其实了解传统文化的门槛并不高，日常生活中的接触会带来生动的体验，再多查一些资料，就可以有整体的把握和理解。

在二外二十余年的工作生涯也是黄震宇教学经验不断丰富的过程。起初他以研究所的规划工作为主，慢慢开始上一些公选课，直至后来真正以教学为主。黄震宇坦言最开始出现过不太适应的状况，45 分钟的课用 40 分钟就讲完了，但随着经验的积累自己也在不断适应，现在的他会比较自信和从容。

黄震宇始终觉得成功的教育是让人们愿意自发地去学习，在课堂上他经常会安排一些“有意思的东西”，比如在设计课上让同学们尽量参与模型制作。而对于自己来讲，“有意思的东西”就是在课堂上能够和学生充分互动。当自己所讲的能够被人理解时，黄震宇会觉得是有意义的。

虽然一直追求“有意思”的事务，但黄震宇明白生活并不是天天都能“有意思”的，在遇到困难和问题时要自己进行调整，平时在心情烦躁时他会选择用画画让自己安静下来。在他的办公室墙上，粘贴了很多自己的作品。他坦言，工作以后他一般会用电脑画效果图，手绘大约停滞了七八年的时间，直到教本科生以后才开始用手绘图，因此反而是教学让他重拾了这项技能。

黄震宇的同事们评价他是“文艺青年”。在朋友圈里，他经常会发优美的风景照，其中就有一些是二外校园中的景色。即便是在学校工作了多年，一些美景还是会打动他。他觉得很多时候在特定的时间、地点、气候下会突然产生一些偶然的风景，也是很有意思的。

工作中经常涉及旅游规划使得黄震宇不太喜欢旅游，因为总感觉出去玩就像做考察一样。日常生活中，他喜欢闲逛式的，没有目的性的旅游。“最重要的是‘自由’吧”，黄震宇不喜欢受太多约束，但这不意味着逃避责任，要在完成工作的情况下，保持相对自由。

绘本工作结束，黄震宇完成了一次新的尝试，他表示未来自己还会继续参与相关工作。教学和项目，一个是工作一个是兴趣，这两者并不矛盾。在侧重教学科研工作的同时，他会尝试通过不同的平台把自己的爱好展现出来。

（作者：岳上媛、刘汀滢、杨楚锋　　指导教师：唐恩思　　图：黄震宇）

7. 钟栎娜：用脚步丈量祖国壮丽河山

BISU 人物时光纪：钟栎娜，北京第二外国语学院中国文化和旅游大数据研究院副院长，北京市优秀青年人才。获商务部学术成果奖二等奖。北京大学人文地理学博士，教授，硕士生导师，康奈尔大学访问教授。主要研究领域：文化和旅游大数据、旅游文化、文化地理。主要科研成果：近十年来共发表论文 57 篇，其中英文论文 30 篇。发表文章收录在 SSCI 12 篇，ISTP 6 篇，EI 1 篇，CSSCI 13 篇，国内核心期刊 14 篇，专利 8 项，软件著作权 1 项。参与翻译学术专著 2 部，参与编写书籍 9 部。先后主持和参与纵向科研项目 33 项，其中国家基金项目 6 项，国际机构合作课题 3 项，国家部委课题 17 项。参与和主持文化旅游产业规划与咨询项目 72 项。

2020 年 8 月 12 日，北京第二外国语学院与拉萨市旅游发展局在“圣洁拉萨 · 乐享雪顿”旅游推介会现场签订了旅游专项战略合作框架协议书。近年来，北二外以规划策划、乡村振兴、全域旅游、智慧信息、人才培养等为重点，全方位深入开展旅游合作，为援助藏区、推进拉萨旅游业高质量发展贡献力量。

“战略合作框架协议能够顺利签订，离不开学校对援藏项目由始至终的鼓励与支持，离不开学校旅游学科深厚的资源积累，也离不开团队教师的付出。”北二外拉萨项目负责人、中国文化和旅游大数据研究院副院长钟栎娜说。

与拉萨结下不解之缘

2018 年 7 月，钟栎娜老师得知自己被北京市选派为赴拉萨专家服务团的一员，将进藏从事志愿服务时，非常激动。在她看来，这不仅是一个能够将足迹印到西藏，亲身感受这片神秘土地的机会，也是一个能够将自己的知识与经验分享给拉萨旅游业，帮助它变得更好的机会。

在拉萨期间，钟栎娜实地考察了当地旅游资源，还对拉萨市旅游系统工作人员进行了旅游规划专题培训，为拉萨旅游的规划发展建言献策，与这片神奇的土地结下了不解之缘。

“由于旅游行业的特殊性，同样看一个景点，旅游者在最好的季节去，规划者在最差的季节去。”钟栎娜说。2018 年 10 月，她再次进藏为拉萨市墨竹工卡县进行全域旅游发展规划时，拉萨正值冬季，氧气含量只有 60%，墨竹工卡县的海拔又相对较高，道路崎岖，山峰险峻，给考察带来了不小的挑战。开着越野车飞越河流、贴着山崖行驶都是“家常便饭”。连当地旅游局的工作人员都半开玩笑地说：“钟老师，我们为了陪你来看这些资源，可是冒着生命危险的。”但是高原反应与恶劣的自然条件并未阻碍钟老师的脚步，她爬高山，看冰瀑，为墨竹工卡县培育旅游名片，助推旅游产业，最终促成了墨竹工卡向高原藏乡旅游名县的跨越。

“苦归苦，累归累，但是喝到藏民亲手熬制的酥油茶，就觉得一切都是值得的。”钟栎娜笑着说。

用知识反哺这片热土

花儿不会忘记泥土，叶子不会忘记根。当谈到最初为什么会选择旅游规划相关的专业时，钟栎娜说，想要“反哺”。2000 年时，她离开家乡四川泸州，前往北京求学。那时的泸州只有漂亮的山和水，她就决心要用自己的知识回馈家乡，回馈这方生养自己的土地。学成之后，钟老师回到泸州，参与了泸州沿江带的规划设计，其中张坝桂圆林景区已经成为国家 4A 级景区。

除了自己的家乡，钟栎娜老师还将智慧“反哺”给了每一寸自己丈量过的土地。对刚参与工作的她来说，一切都很有趣，很新奇，每一次参与规划、实地考察都是一次大量汲取知识的机会。参加延安旅游发展规划时，她将一本中国革命史背得滚瓜烂熟；参加咸阳旅游规划时，她被这片沉睡着秦皇、汉武、唐宗的土地深深吸引。等到多年后，学识更渊博、经验更丰富的她再回过头去看自己曾经规划过的土地时，除了眼里包含着希冀与深情，钟老师还能就城市本身提出极具针对性的建议。这样的建议也许只有两条，但条条都切中要害。

学生时代开始，钟老师就是一个喜欢走在路上的人。她大一时就与同学一起，背着书包，坐着绿皮火车，走走停停，看遍了整个渤海湾的风光。走累就敲开一户渔民家的门借宿，与他们一起吃海瓜子。参加工作以后，她更是走遍全国，用脚步丈量祖国的壮丽河山。从 2005 年参加延安旅游发展总体规划算起，十七年间，钟栎娜老师相继主持和参与了包括西安、宁波、成都在内十一个城市的旅游发展总体规划，以及大大小小上百个风景区的规划。丽江玉龙雪山、嘉峪关长城景区、三亚天涯海角等知名景点的背后，都有她参与规划的身影。钟老师参与成都市旅游发展规划时提出的按照道路打造特色旅游区域，并由此建立的玉林路酒吧一条街，更是被写入了民谣《成都》，火遍中国。当看着这些曾经未经开发的荒山野岭，被自己的智慧和双手改造之后，变成可以被人们享用、体会的，有意义的美丽景色，看着人们在自己规划过的景区里愉快游览，作为这些幸福和快乐的创造者之一，钟栎娜常感到由衷的幸福。

“万里河山是灿烂，三尺讲台亦荣光”

既是一座城市的规划者，又是传道授业的老师，对于钟栎娜而言，她享受着“双重身份”的乐趣。求学时老师们的言传身教在她心里埋下的知识种子，让她坚定了想要成为一名老师，将学到的知识与品质传递给学生们的决心。“在我看来，能够给学生带来知识，影响学生们的成长，是一件无限荣光的事情。”钟栎娜说。

带着这样的信念，钟栎娜在教学过程中不仅注重学生通识能力的培养，也十分看重学生建立知识体系，并将行业知识与实践结合的能力。她经常在课程结束后，要求学生们制作知识树，涵盖课程的主干、分支内容；还在教学过程中穿插自己的规划案例，充分结合实际。钟栎娜认为，旅游是一门社会科学，是以观察、解释和预测社会现象为目的的，最后一定要落实到社会中去，与时俱进，不能与社会脱节。而自己在参加规划工作的过程中，对行业现状有了更加充分的了解，在课堂上就能将这些案例、经验传递给学生，教给学生鲜活的知识。

桃李不言，下自成蹊。钟栎娜培养出了一批又一批优秀的学生，毕业后，他们又奔赴大江南北，在自己的领域为祖国挥洒青春、奉献人生。他们中，有的从事民宿行业，在丽江经营着美轮美奂的帐篷酒店，有的自主创业，投身文创产品开发，还有的学成归来后接下父辈的棒，扎根内蒙古，治理环境绿化沙漠，让希望之花在大漠中灿烂盛开。

钟栎娜说："十七年间，我几乎把祖国河川都走遍了，人也就慢慢变老了。但还好，培养出来的学生继续在祖国大地上耕耘。老师嘛，跑不动了还有学生顶上，感觉使命还在继续就行。"

（作者：刘嫣然、于珊珊）

8. 做有中国心的国际化教学团队
——北二外“黄大年式教师团队”炼成记

BISU **人物时光纪**：2018年1月22日，教育部网站公布了首批全国高校黄大年式教师团队名单。在全国1000多所高校中，共有200所高校的201个团队入选。北二外校长助理、中国文化和旅游产业研究院院长邹统钎教授负责的旅游管理教师团队荣登榜单。此次入选的北京市属高校仅有4所。本次申报的旅游管理教师团队由旅游管理、酒店管理、会展经济与管理三个专业16名教师组成，包括邹统钎、谷慧敏、厉新建、刘大可等一批优秀学者都是团队成员。团队成员以黄大年同志为榜样，学习他心有大我、至诚报国的爱国情怀，不忘初心、立德树人、爱岗敬业、甘于奉献，以开拓创新、攻坚克难的团队合作精神，培养出一批践行社会主义核心价值观的旅游行业优秀人才，在学校发展与教学事业中发挥重要示范引领作用。

全国高校黄大年式教师团队立足贯彻落实习近平总书记对黄大年同志先进事迹重要指示精神，以黄大年同志为榜样，心有大我、至诚报国，教书育人、敢为人先，淡泊名利、甘于奉献，把爱国之情、报国之志融入祖国改革发展的伟大事业之中，融入人民创造历史的伟大奋斗之中，从自己做起，从本职岗位做起，为实现“两个一百年”奋斗目标、实现中华民族伟大复兴的中国梦贡献智慧和力量。

2018年，二外旅游管理教师团队在首批全国高校黄大年式教师团队榜上有名，对此，邹统钎感触颇深——这不仅是一种荣誉，更是对旅游管理教师团队发挥不甘人后的钻研精神、立德树人的教育精神、以老带新的团队精神、代代传承的奉献精神的激励。

做科研："顶天立地中坚持创新"

每天清晨七点半，邹统钎教授会在办公室沏一杯浓香的茶，听一刻钟英语新闻，开始他一天的繁忙工作。

邹统钎曾经在20世纪90年代留学夏威夷大学，并访学澳大利亚昆士兰大学。海外的留学经历让他在开阔视野的同时，也感受到国内旅游管理学科的薄弱，他预测到旅游学科在中国将大有作为和发展前景，因而放弃了留在海外的机会，投身到国内的旅游管理教育大潮中。

作为北京第二外国语学院旅游管理团队的带头人，邹统钎2013年获得北京市"长城学者"，2014年获得北京市高层次创新创业人才支持计划领军人才。2016年，他主讲的《旅游景区经营与管理》被教育部第一批列为"国家级精品资源共享课程"。此外，他和谷慧敏教授、厉新建教授一起合作完成的项目"国际化与社会多元协同双轮驱动旅游人才培养模式的探索与实践"获得北京市优秀教育教学成果二等奖。他还克服政治动荡与流行疫病风险远赴坦桑尼亚、埃及等国援外培训旅游官员300多人次。团队成员谷慧敏、厉新建、刘大可等克服高原缺氧、极端天气等困难长期参加国家旅游局、北京市委组织部组织的"中国旅游大讲堂""京青专家服务团"等公益扶贫项目，赴西藏、青海、贵州、新疆、内蒙古送教上门近100次，培训超3000人；李彬等5位青年教师经常参与乡村旅游扶贫等培训与规划。

这一团队还发挥智库作用，参与制定国际国内旅游准则、法规与标准。邹统钎主责了联合国教科文组织《善行旅游行为准则》、世界旅游城市联合会《世界旅游城市优质服务指南》的制定。团队成员厉新建教授于国内最早系统总结的全域旅游理论成为国家旅游战略，被写入国务院政府工作报告。团队多位成员深度参与了国家旅游法制定，参与编制修订旅游类国家标准5项、地方标准30多项。

团队成员还积极服务国家与地方重大活动。邹统钎全程助力北京成功申办世界休闲大会；邹统钎、谷慧敏分别参与全国5A景区和星级酒店评定；团队承担了国家与地方政府、旅游集团的大量旅游战略规划，承担了北京冬奥会、"一带一路"峰会等重大活动专项培训，承担了北京市重点工作"北京市社会旅馆从业人员素质提升工程"。2013年举办"中国旅游发展北京对话""中国酒店投资峰会"以及海峡两岸旅游观光研讨会。邹统钎表示，社会上最近时常流传着一句话叫"仰望星空，脚踏实地"。在他看来，这就是旅游管理学科中常说的“顶天立地”——科研不仅要抬起头，朝着国家、社会需求去制定目标，更要埋下头，脚踏实地地做实事。“此次获评黄大年式教师团队，既是一种荣誉，一种肯定，对团队而言也是一种促进和鼓励。”邹统钎表示，学校未来要建设“双一流”学科，团队也在向国际水准靠齐，团队将继续发挥优势，稳扎稳打，在科研教学、人才培养、社会服务方面绽放光彩。

谈传承：使命感是关键词

团队成员、酒店管理学院院长谷慧敏教授表示，团队发展到今天，最重要的是成员们对这份事业的责任感和使命感：“团队的奋斗精神、奉献精神不是一两天形成的，而是几十年的积淀。老一辈不仅为我们打下基础，他们对社会的责任感、民族责任感也在代代传承，薪火相传。”谷慧敏教授曾在澳大利亚维多利亚大学深造，她放弃留在海外的工作机会，在北京第二外国语学院任教三十余年。她把最美好的芳华留在二外，每年七月的毕业季，她目送一批又一批毕业生离开二外，奔向远方，找寻最广阔的天地。

“黄大年教授是在英国 LEEDS 大学获得了地球物理学博士学位，我在英国读书的时候也在那里生活了近 6 年。当国家需要的时候，黄大年教授义无反顾地放弃在英国的优厚条件回国报效，他是我们留学归国人员学习的榜样。”团队成员王俞博士说。

十几年来，二外旅游管理团队以北京旅游发展研究基地、数字“一带一路”北京市重点实验室、中国旅游研究院饭店产业研究基地等省部级学术平台为依托，瞄准国家与首都北京重大需求，契合世界旅游发展需要，以引领世界旅游产业为己任，结对昆士兰大学、普渡大学等世界一流旅游院校老师，同 Chris Ryan、Ralf Buckley 等国际旅游学术大师合作研究，出版了一批既站在国际学术前沿又扎根中国旅游实践的优秀成果。

邹统钎担任世界旅游城市联合会专家委员会副主任，谷慧敏担任顶级旅游刊物 *Tourism Management* 等编委，厉新建等担任中国旅游发展咨询委副秘书长。这是一个以专业平台为纽带打造的教学团队，围绕着打造旅游管理国家特色专业、酒店管理重点专业、会展管理特色专业，中外老中青传帮带，与国外名校课程共享，最终锻造成为一个优秀的教学团队。以邹统钎教授的国家精品资源共享课程《旅游景区经营与管理》与谷慧敏的来华留学生品牌课程《酒店管理研究》为核心，形成了两个在国内外有重要影响的教学团队。

厉新建说，旅游教学团队最重要的就是抓住特色专业，服务国家战略，围绕着旅游业中满足人们对美好生活追求过程中的主要问题，深入研究，并将最新的研究成果及时地转化为课堂教学的内容。当然，主要还是带头人带队伍带得好，最重要的是学校对旅游管理教学的高度重视。

建团队："传帮带"助力青年教师成长

团队中最年轻的从日本留学回国的王金伟博士回忆起人生中第一次写教学大纲的情景，"从学生转变为青年老师，只能依靠书本理论"。但在团队中，他收获了资深老师的帮助。"团队的资深老师从经验出发，耐心告诉我学生常出现的问题以及上课的注意事项，这是我在书本里学不到的。"王金伟说道。他直言，在做科研过程中，他感谢邹统钎、谷慧敏、刘大可、厉新建、秦宇等前辈的支持和帮助。团队浓厚的创造性氛围，让他每天思考如何传承，用创造性思维思考这些问题。旅游管理团队是不断创新的，不断努力走向未来，走向更高台阶，成为世界双一流的团队。

王金伟说，他在尽力继承老一辈的研究精神，他希望在国外看到旅游管理前沿的新鲜研究，通过一段努力过后，构建出中国本土理论。这是他最大的梦想。

"团队成员们各自发挥长处，彼此之间协作得很好。这在我们团队是几十年来一以贯之的优良传统。"邹统钎教授表示，团队的教授、副教授都要一面承担科研、研究生培养，一面承担本科教学任务。"因工作头绪较多，所以经常需要工作到很晚才能回家。"王俞是团队里的女老师："作为女老师，会面临家庭和事业的双重压力，但是这让我们学会更加合理地分配工作和家庭的时间。"王俞清楚地计算过从她的办公室门口跑到校门口的快速公交 2 路车站需要 6 分钟，因此她必须在晚上 11 点前准时离开办公室，否则就会错过末班车。曾有学生在毕业感言时对王俞说过这样一句话："老师您太辛苦了，我每天 10 点多结束晚自习回寝室的时候总是能看到您办公室的灯还亮着，那时我就想自己学习还可以更刻苦些 ......"

对一个团队来说，最重要的就是合作。"一个团队要走向未来，不断发展，一定是建立在以前良好的传统和学风之上，这就需要很好的传承——老一辈要把知识传授给后辈，年轻人要学习精神，高举创新的旗帜，走向未来，让这种精神传承下去。"王金伟深有感触地说。

“我们每个人都是小人物，就像默默停留在荷叶上的水珠，但我们合在一起，就可以变成一道溪流，汇入江河湖海，发光发热。”正是这样一种合力，在团队中形成了共同学习进步的氛围。谷慧敏说：“除了爱岗敬业，我们的团队非常擅于沟通，属于创新学习型组织，每一个成员都在不断学习，不断进步。”她直言，正是这种对专业、事业的追求，承担责任的担当，才促使团队不断发展壮大。

团队成员刘大可经常向团队里的青年教师强调，想要把一门课程讲透彻，主讲教师既要吃透课本内容，还要将自己在旅游管理中的经验、科研经历中的所见所感渗透到理论讲解上。“学生的培养必须依靠理论和实践的结合，青年老师只有用双脚丈量祖国的大好河山，积累经验，才能把理论传给学生。”

抓育人：用仁爱之心关怀每一位学生

旅游团队成员们扎根讲台，在传授知识的同时，真心关怀每一位学生，竭力做学生知识的“摆渡人”。

已经有三十多年教龄的谷慧敏教授，仍然被学生评为最受欢迎的教师之一。她说每一位学生都好像她的孩子，无论他们在学校学习还是毕业，她关注的目光始终不会离开他们。毕业于英国萨里大学的王俞博士毕业回国后，跟学生们像朋友一样交流，像知心姐姐一样关心他们学业上的各种困惑，分享学生们成长的快乐。九年来，她从未因为自己工作忙而拒绝过一位学生希望得到辅导的请求。不但如此，她为了更方便学生宁愿牺牲个人的休息时间提供辅导。因此，这些年来，她从未有过午休，只要学生需要都可以中午来找她。赶上活动较多的时候，她一天只能吃上一顿饭，但就算饿着肚子也要尽早地解决学生们的疑问。因为低年级本科生的课程时间排得很满，她就把面谈或答疑都安排在中午或晚上 6 至 11 点间。团队里的青年女教师们为了不影响学校的教学安排和进度，纷纷主动缩短产假，坚持在教学一线上挥洒汗水。

团队成员扎根讲台，发挥专业和学科优势，创新开展课程思政建设，连续七年组织开展全国红色旅游策划大赛，获批教育部全国高校辅导员精品工程项目，成为深入贯彻落实习近平总书记在全国高校思想政治工作会上的讲话精神的生动实践，和教书育人“同向同行，协同育人”的典范。

团队教授全部参与本科教学，10 位团队成员担任班主任，学生评教均在 92 分以上，其中，李彬的“微党课”获团中央表彰。团队重视人才培育的素质培养。旅游管理类专业一直在全国高校中排名前三，本科毕业生就业率在 99% 以上，研究生就业率连续保持 100%。团队指导 30 多名学生入选国家旅游局“万名旅游英才计划”，指导学生完成“大学生科研训练项目”国家级 80 多项、北京市级 100 多项，指导学生在国内外高水平期刊上发表论文 60 多篇。创立了国内顶级 MTA 项目，学员有 2 个全国劳模，1 个全国最美导游。

此外，旅游管理留学生规模居全国首位，为“一带一路”等亚非拉 30 多个国家培养旅游高官高管 300 余名。培养了大批知华友华的发展中国家旅游产业领袖。旅游管理专业形成了省部级教学品牌全覆盖，荣获国家级特色专业、精品课程、规划教材，通过世界旅游组织最高级别教育质量（UNWTO-TedQual）认证，人才培养模式获北京市优秀教学成果奖。

“我们学旅游管理的人心中有个梦，就是紧跟国际理论前沿，脚踏实地，带着强烈的使命感，服务大的国家战略，将二外旅游管理打造成世界一流专业、一流学科。”谷慧敏说。

（作者：唐恩思）

第三辑

1. 马壮寰：学有所致，兴趣盎然

BISU 人物时光纪：马壮寰，北京第二外国语学院英语学院（原英语系）教授，硕士研究生导师，英语学术带头人。1994 年至 2009 年担任本科高年级教研室或研究生教研室主任，曾担任北京第二外国语学院学术委员会委员、发展咨询委员会委员、研究生指导委员会委员、北京第二外国语学院学报编委会成员等。现为“中国语言与符号学研究会”常务理事、“中国语言教育研究会”常务理事、《21 世纪报》专家顾问团成员。多年来，先后在《当代语言学》等多家学术刊物发表学术文章，并出版了如下著作：《索绪尔语言理论要点评析》《语言研究论稿》《普通语言学基础》《演讲英语》（第一、二版）、《美国功能英语》《艺术创作与艺术教育》等。先后获“北京市教学名师”“北京市优秀教师”“北京第二外国语学院教学名师”“北京第二外国语学院优秀导师”等荣誉。多次获得北京第二外国语学院教学及科研奖励；曾负责“北京市精品课程”项目，并于 2010 年以优秀结果顺利结项。

第一次见到马教授是在他的个人画展上——一位老人驻足，饶有兴趣地看着面前一幅周总理画像。画像上的周总理头发斑白，浓黑英气的眉宇间却透露着慈祥，正笑吟吟地望向画外人。老人与自己面前的周总理久久对视着，眼神中饱含着对周总理的钦佩与怀念，还有一丝对艺术创作形式本身的憧憬和热情。这位老人便是这幅周总理画像的创作者——马壮寰教授。

马壮寰老师退休前在英语学院任教近三十年，曾被评为北京市教学名师和北京市优秀教师。传道、授业、解惑，持之以恒；教书、树人、育才，始终如一。在教学科研的岗位上，他投入了自己全部的热情和精力，到退休时，已是桃李满天下。

10 月 18 日，北京第二外国语学院校友办、文化与传播学院、校团委以及离退休工作处在大学生活动中心举办了“迎校庆——马壮寰教授个人画展”。在这次画展中，马老师的一大爱好：绘画，更广泛地为大家所了解。

无名油画，承载热忱

在几年前的退休职工书画展览上，人们纷纷在一幅名为《青年革命家》的油画前驻足——这是一幅周恩来总理年轻时留法期间的肖像油画，画布上的周总理英姿勃发，斗志昂扬。而这幅“无名油画”的作者，正是马壮寰老师。马老师的画作首次进入人们的视野便获得了广泛的关注和认可，给大家留下了深刻的印象。

此后，2017 年 12 月——周总理 120 周年诞辰前夕，为表达二外人对周总理的缅怀之情，党委宣传部委托马老师创作总理画像。经过三个月的辛勤工作，马老师结合周恩来总理视察北二外的大量历史资料和影视图文资料，先后多次易稿，最终尽自己最大努力完成了大幅人物油画的创作:《您是这样的人》。这幅肖像画作为北二外对总理精神的传承以及校园文化建设的一部分赠予学校。

在北京第二外国语学院建校的第 55 个年头，为庆祝学校成立 55 周年，在距离最后日期不足一个月的时间里，马老师受学校委托，拿起画笔，为“周总理系列油画”再添新作。“这次的创作过程不很容易，”马老师感慨道，“周总理是一位伟人，是一位国家的领袖。这幅作品不管创作时间长短，都要做到精益求精。”

在执笔此幅画像之前，马老师已然起草了一幅周总理的肖像，却总对有些地方不甚满意，觉得不够生动传神。马老师对照着资料继续反复研究并将作品加以打磨，但修改后的画作依旧达不到他对自己的要求，直到最后在修改的过程中出现了瑕疵。马老师思忖片刻便决定放弃原稿——于情于理都应将水平发挥到极致。随后，通过又一次大量地收集资料，参照若干黑白图片，构思人物神情姿态，马老师再次拿起画笔，在画布上不断创作，使得记忆中的总理形象终于得以生动地呈现在大家眼前。

热爱，不言功利

马老师自幼对绘画抱有浓厚的兴趣，即便课业繁重，也一有空就拿起画笔，画着画着，成了一种习惯。在青年时代，虽然画画机会变少，参加工作后虽然生活的重心偏向学术与教学，但他对于绘画的热情一直不减。正如他所说，“绘画的种子始终在那儿”，即便工作繁忙，马老师仍在业余时间画速写：有时外出时看到有趣的人物或景致，便用随身的笔记录下来——速写的过程是令人放松的，过后的“睹物思景”是令人愉悦的。马老师说：“真正喜欢一件事的时候，不会计较给你带来物质方面的什么；如果真的带来些什么，那便是精神上的慰藉。”在现在的年轻人看来，这便是对待兴趣的如一和对待生活的赤诚吧。

退休后马老师得到了更多的作画时间，便得以用画笔尽情描绘生活。2014 年画册《图文相应——斑驳的记忆》的出版、2015 年二外退休处个人画展的举办、2017 年《您是这样的人》的成稿、2018 年二外退休处为教职工油画兴趣班的开办，都是马老师对绘画兴趣一片热忱的表征。而当提及举办这些活动的初心时，马教授则说道：“我喜欢绘画，这种喜欢已然是工作的辅助、生活的调节。这种喜欢始于兴趣，归于兴趣，无功利可言。”对兴趣坦诚而纯粹的感情由此可见。

兴趣，不可言传之美

“兴趣”本身，自始至终都只属于我们自己，是一种深藏在我们意识与生活空隙间的存在，没有一个人可以任意地对其予以评判。当谈论起自己的“兴趣”时，马教授仿佛回到了几十年前。从少年时期的懵懂到如今完美地从三尺讲台上光荣退休，绘画始终与马教授生活相伴，只要拿起画笔，他似乎就像变了一个人：我们很难想象一个从未爱上画画，或不曾拿起画笔的马老师是什么样子。他或许还是一位桃李满天下的英语教师，但也许就不会看到他绘画时眼中闪烁着的青春活力、眉宇间露出的从容不迫，以及那种对生活如金乌晨曦般的热爱了。

当代的青年人处在与以往任何时代都不同的，物质与文化都极为丰富的一个年轻又精彩的时代，而充盈自己的精神世界，培养自己的兴趣爱好，在马老师眼中，在当代绝对是不可或缺的。兴趣与爱好从来都不只属于那些有天赋的人，也不是在出生的那一刻就被决定的。马老师说：“年轻人应该有一些属于自己的爱好。小时候没有，现在培养也来得及。”

“如果对自己感兴趣的某种艺术有一点点实践，当你回过头来，就会对它有更浓厚的兴趣和更深刻的体会。”他建议学生们尽量多地培养一些兴趣爱好，久而久之，便会察觉出自己看待事物的方法、态度以及审美的改变：一幅画的美不会写在画布之上，一段动听的音乐也不会告诉你怎样好听。“它是不可言传的，是每个人对美的感受。”马老师也希望二外的同学们能够发现、感受多一点的美。

全面发展，成就出彩人生

语言是我们接触各个领域最直接、最有效的方式和工具。“对于学语言的孩子们，无论什么时候，语言基础永远都是最重要的。”他诚恳地说出自己的看法。大学的四年时光，犹如白驹过隙，要尽可能牢固地夯实语言基础与专业课知识。最基础的事情，往往最难以持之以恒的精神去做，但正是这些难以坚持做下去的事，反而对未来的学业与工作发展起着至关重要的作用——作为语言学者、语言教育者，对语言研究如此深刻的马教授毫无保留地向我们传达着自己的经历与经验。

马老师建议，在学习之余，同学们应尽可能地培养和发展自己的兴趣与爱好。北二外各式各样的社团协会、新建立的艺术教研室、大学生活动中心等都为大家提供了培养、发展兴趣的有利条件；还可以利用外请专家教授的讲座及学校举行的各类比赛、表演等各类资源。同学们不论是作为参与者或是观众，都能够提升自己的心智与能力，开阔自己的眼界与思维。唯有做到以学习为本，德智体美劳全面发展，才能成为一名优秀的二外人，成就出彩的人生。

从 1964 年到 2019 年，北二外迎来了她的第五十五个生日，马壮寰老师也在此度过了三十余载。当他第一次来到北二外的时候，校门前还没有如今宽阔而四通八达的马路，也没有今天这样高大舒适的教学楼、宿舍楼。55 年间，学校的教学设施、环境等都发生了翻天覆地的变化，教学、科研取得了巨大成就。这一切不仅仅是因为时代的变更发展，更是一代又一代的二外人奋发向上、不断进取的结果。在庆祝建校五十五周年之际，马老师也对广大二外学子提出希望：“一定要将二外的优良传统和精神传承下去！”

老师的职责是传道、授业、解惑，也正如人生道路上的启明灯。从马老师对本职工作与业余爱好的认真与热爱，我们似乎看到了他身上闪烁着的、对生活的至诚的爱。学有所致，兴趣盎然，马老师的人生态度始终引发着我们更深层次的思考，令我们敬佩。

（作者：吴戈雅、张子琦、孙筝　　指导教师：唐恩思）

2. 潘寿君：奉献着，快乐着

BISU 人物时光纪：潘寿君，北京第二外国语学院日语学院退休教授，硕士生导师。毕业于北京第二外国语学院，曾赴东京外国语大学留学 2 年，在名古屋大学等讲学研修约 6 年。曾任北京第二外国语学院日语学院院长；兼任教育部高校外指委委员，北京市职称评审委员，《日语知识》编委等。承担教育部日语基础阶段和高年级阶段教学大纲的调研、测试与编写工作；参与教育部和原国家旅游局的有关考试命题工作。中央电视台《常用日语》电视讲座主讲；《日语新视听电视讲座》部分撰稿与 26 集全部定稿。承担研究生《中日语言对比研究》《日语概论》等课程。参编教材有 1 项获北京市教学成果一等奖，多项获北二外科研成果一、二、三等奖。

潘寿君教授是北京第二外国语学院 1972 级的学生，毕业后留校任教。他退而不休，继续从事学校教学督导的工作。在二外走过的 50 个春秋里，他从未停止过奉献。他与二外的缘分，至今还在延续。

从教学小白成长为资深教师

潘寿君毕业时，恰逢北京第二外国语学院急缺老师，于是他被分配到了留校任教的工作。“当时也没有别的想法，既然学校让我们做，那就好好学，好好做。”

在潘寿君还是一个教学小白的时候，“大平班”给了他方向。“大平班”是当时为了协助中国培养一批优秀的日语老师由中日双方合作建立的。潘寿君作为第一批学员进行了一年的培训。在“大平班”的课堂上，潘寿君接触到了很多新的教学理念，为日后他的教学打下了坚实的基础。不仅如此，潘寿君还多次赴日本留学，并在名古屋大学等学校讲学、研究达五年之久，这也为他在二外的教学积累了充分的经验。

当上班主任和日语系主任以后，潘寿君参与组织举办了学院的多项特色活动，最有特色的当数日语演剧大赛了。演剧大赛是由班主任指导学生自编剧本或者采用已有剧本，用日语将其活灵活现地演绎出来的一项活动。这项活动遵循了“听说领先，读写跟上”的教学理念，有效地提升了学生们的听说能力。这个活动流传至今，成为日本驻华大使也会前来观看的著名大型活动。

教学之中，潘寿君不断创新。他试验性地从大一到大四一直带一个班，给每个学生建立起了一套“个人档案”，分析记录每个学生的特点、学习日语时的优点和不足之处，在每个学生身上都投入了大量的精力和心血。这样下来，潘寿君培养出了很多优秀毕业生。外交部部长王毅、中信集团董事长常振明等杰出校友都是他的得意门生。通过每天的朝夕相处和一次次大型活动，潘寿君和学生们建立起了深厚的情谊。在爱人出国时，潘寿君与自己的学生同吃同住，宛如亲兄弟一般。“跟学生培养的深厚感情，是我永远不会忘记的。”

多年来，潘寿君执笔论文、专著、教材、词典、翻译等约450万字，两次获得北京市教育教学成果一等奖，一次获得北京市精品教材、国家级精品教材殊荣。

“坚持做下去，到了一定火候就会有成果”

出于对二外的爱与对教学事业的不舍，退休后，潘寿君选择接受学校的聘请，成为学校的一名督导，坚守在教学一线，将自己三十余年的宝贵经验传授下去。

成为督导的潘寿君，每周要去听院内课程，课下和老师交流经验，提出自己的建议和看法。他还要处理教育部委托的一些工作，比如日语四八级考试的命题和审题工作、教育部日语教学大纲的编写测试工作等。另外，他还负责校内外硕士及博士论文的评审等。论文往往烦冗复杂，字数甚至能达到二十多万字，会花费很多时间，但潘寿君总是很耐心：“因为我对这些比较感兴趣，所以做起来不觉得困难。”

如果说之前从事教师工作在于踏踏实实带好学生，那么现在督导的工作便在于学会发现问题、总结方法、推陈出新。潘寿君一直在挖掘归纳每个老师自身的讲课特色，他对日语学院一位外教赞赏有加：“他上课是通过‘单口相声’的形式来提高学生对日语的理解能力和表演能力的，关键时刻的几句汉语讲得也很地道，这很有特色。”在认可年轻老师们的同时，潘寿君也发现了一些问题。“现在的老师们普遍是博士毕业，基础非常扎实，但由于教学经验不足，教学方法还有待提升。”

十年督导工作，让潘寿君更深刻地认识到，发现并贯彻执行一套可行的教学理念，是非常有必要的。“听说领先，读写跟上”这句口号，经历了几十年来实践的检验，成了潘寿君以及其他日院教师们一致的目标。“我们日语学院毕业生的口语很不错，在社会上一直很受欢迎，我想这就是贯彻正确的教学理念的结果。做事情千万不能急功近利，坚持做下去，到了一定火候就会有成果。”

“如果我的身体允许，我会一直做下去”

“日语专业最初叫德日系，后来叫亚非系，再后来叫旅游日语系，最后叫日语系。”潘寿君如数家珍地讲述着日语系的变迁。随着日语系发展越来越成熟，成立学院已经成了一种趋向。潘寿君及时抓住了机遇，向学校提出成立日语学院的请求，促成了日语学院的最终建立。“日语学院的成立，对我们教学的安排和组织无疑提供了很大的便利。”

“我们搞科研的时候，语言是我们的工具。如何使语言形成一个专业并发展，这是一个宏大的问题。”为了解决这个语言界的共同难题，才有了 MTI 等翻译相关的专业，目的就是为了让毕业生走向工作岗位的时候不是只会日语，而是有自己的一套嵌入职场的模式。二外日语方面的师生也做出了相应的努力。

最初，潘寿君提议开展同声传译与日语相结合的班级，后来，日语学院又提出了日语与动漫文创相结合的班级。但是由于对同传的要求很高，大学四年很难达到相应的水平，日本的动漫产业已经发展得很发达，中国不能再照着日本的路子发展，所以这两种班级的规模都比较小。时至今日，二外日语人依然没有停止思考与革新，“如何让学生更好地掌握日语并有效运用”依然是他们的课题。

学生、教学小白、资深教师、系主任、院长、督导，潘寿君在二外的身份一直更迭着，但他对日语的热情、对教学事业的奉献从未改变。“如果我的身体允许，我会一直做下去。”潘寿君和二外、和日语的缘分还将继续延续下去。

（作者：李祎婷）

3. 赵京华：以文艺的火光，凝聚前行的力量

BISU 人物时光纪：赵京华，北京第二外国语学院教授，翔宇骨干学者，享受国务院政府特别津贴专家。1987 年毕业于吉林大学，获文学硕士学位。1997 年毕业于日本一桥大学，获社会学博士学位。社会兼职有：中国鲁迅研究会副会长、中国现代文学研究会理事、中华日本学会理事、《中国现代文学研究丛刊》编委。曾任职中国人民大学、中国社会科学院文学研究所。2004 年以后，曾先后在日本埼玉大学、爱知大学、东京大学担任客座研究员、访问教授。主要研究领域：中国现当代文学、中日文学比较、日本研究。著有《日本后现代与知识左翼》《周氏兄弟与日本》《转向记》《中日间的思想》等。译著有木山英雄《文学复古与文学革命》《北京苦住庵记》、子安宣邦《日本现代思想批判》、柄谷行人《日本现代文学的起源》《世界史的构造》等。曾主编中文版六卷本《柄谷行人文集》。

2021 年适逢鲁迅 140 周年诞辰。6 月 19 日至 20 日，中国鲁迅研究会副会长、北京第二外国语学院文化与传播学院赵京华教授参加了由中国鲁迅研究会主办的“鲁迅与中国新文学的社团时代”学术研讨会。

在此次研讨会上，赵京华教授做了题为“阿 Q 越界日本九十年”的精彩发言。他从文本翻译、戏剧改编和学院里的学术研究三个方面分析了《阿 Q 正传》在日本战后的跨文化传播过程，力图阐明鲁迅文学对世界特别是东亚地区的深远影响。这也是他目前正在从事的国家社会科学基金项目“鲁迅东亚传播史研究”的阶段性成果。

鲁迅在 20 世纪前期创造了经典的文学作品，这些经典文学对东亚各国的社会运动、文学界、学术思想界产生了深远影响，使鲁迅成为东亚的文化英雄。赵京华认为，鲁迅的世界意义主要体现在东亚。作为一个研究者，不仅要关注国内对于鲁迅的研究，更要放眼海外，了解和学习海外对鲁迅展开的各项研究，知己知彼，兼收并蓄，促进

国内鲁迅研究的发展。

重读鲁迅不仅是为了纪念

六月的成都，热气席卷了整个城市的上空。来自全国各高校、研究机构的百余位专家学者们，齐聚“鲁迅与中国新文学的社团时代”学术研讨会，为略感湿热的天气带来一丝清凉的味道。2021 年是鲁迅 140 周年诞辰，国内外丰富多彩的纪念活动将陆续展开。而这次由中国鲁迅研究会与四川大学联合举办的研讨会乃是年内一系列活动的开场，意义重大。研讨会的主题定为“鲁迅与中国新文学的社团时代”，则主要考虑到 2021 年还是五四新文学运动两大社团——文学研究会和创造社诞生百年，与《阿 Q 正传》发表百年的纪念也相重叠。“设定‘鲁迅与中国新文学的社团时代’这个主要议题，就是要将鲁迅文学的诞生放到 20 世纪新文学运动乃至整个中国革命与社会变迁的大历史中加以审视，以重新思考经典文学的不朽价值。”赵京华说。

赵京华教授阐释了“越界日本的阿 Q”，梳理了日本学界九十年来对《阿 Q 正传》的研究史，并与大家分享了他系列研究中搜集到的珍贵史料。上海交通大学王锡荣教授回顾了鲁迅社团活动小史，并由此窥见鲁迅的精神状态。武汉大学陈国恩教授探讨了《花边文学》初刊本与初版本中的时局与语言问题，透过初刊本与初版本的注释差异，探究鲁迅坚韧的思想精神和灵活的斗争艺术及其对语言规范化的不懈追求。“有近百名来自全国高校和科研机构的专家学者参加了学术研讨，他们从 20 世纪中国文学特别是社团发展的角度出发，对鲁迅文学诞生的社会历史背景、以文学改造国民精神——建设合理的现代社会道德文化的现实主义创作方法，以及坚持民族立场的爱国主义和追求人类解放的国际主义精神等，进行了相当深入的研究，非常富有启发意义。”赵京华对于会上专家们的发言记忆犹新。

谈起鲁迅，很多人会想到阿 Q、祥林嫂、孔乙己、闰土这些家喻户晓的典型人物，而九斤老太、杨二嫂这些配角也让人过目难忘。说起鲁迅，很多人也会想到“寄意寒星荃不察，我以我血荐轩辕”“横眉冷对千夫指，俯首甘为孺子牛”这些烂熟于心的经典诗词。鲁迅的深刻力透纸背，入木三分；鲁迅的文采嬉笑怒骂，皆成文章，面对黑暗、暴力、侵略、屠杀而横眉冷对，给以致命的一击，很多人将鲁迅赋予“民族魂”之美誉。

尤其对于青年人，鲁迅先生曾于《无声的中国》期待：“青年们先可以将中国变成一个有声的中国。大胆地说话，勇敢地进行，忘掉了一切利害，推开了古人，将自己的真心话发表出来……必须有了真的声音，才能和世界的人同在世界上生活。”他在《热风·随感录四十一》中写道：“愿中国青年都摆脱冷气，只是向上走，不必听自暴自弃者流的话。能做事的做事，能发声的发声。有一分热，发一分光，就如萤火一般，也可以在黑暗里发一点光，不必等候炬火。此后如果没有炬火：我便是唯一的光。”100多年后的今天，鲁迅先生当年写给青年人的一些话，今日再看仍然振聋发聩。

赵京华在一篇文章中曾表示，鲁迅，在我们的教育中，在我们的文化中，留下了太多的痕迹。他的作品作为经典文学也曾对“二战”后的东亚地区产生了深远影响。包括日本、韩国、中国台湾地区等，都曾从鲁迅文学中吸取了反抗黑暗而顽强斗争的抵抗精神。作为中国革命和被压迫民族不屈抵抗的文化象征，鲁迅在该地区深深介入到社会改造和追求民主的进程当中，成为名副其实的文化英雄。因此，赵京华在研究中曾提出“鲁迅文学的世界意义首先体现在东亚”的观点。

鲁迅，逝于20世纪而活在今天，他的思想依然烛照着今日中国。一百年后的今天重读鲁迅的意义，赵京华认为依然是在陶冶爱国主义和国际主义情怀方面：“毛泽东曾说鲁迅代表了中国新文化的方向，我理解这就是一百年来中国人追求科学、民主、进步、革命的文化道路——鲁迅道路。这个‘鲁迅道路’，代表着作为社会转型期的中国先觉的知识分子积极与百年来中华民族振兴的道路同频共振，包括为民忧患、开拓创新的启蒙精神和反抗强暴、同情弱小的人间大爱，用文艺改造国民精神而实现‘立人’理想的使命意识。”

他强调，作为中国共产党真诚伟大的同路人，鲁迅所代表的中国新文化方向、知识分子为实现民族复兴而顽强进取的精神，以及他那冷静透彻地观察社会和人心的思想方法、心怀“无穷的远方，无数的人们”而坚持通过文学与世界各民族沟通的道义精神，都是今天的青年人应该继承和学习的。

东京十年 探寻人文学术的路径

赵京华教授1987年毕业于吉林大学，获文学硕士学位。后来进入日本国立一桥大学攻读博士课程。本科、硕士研究生阶段选择的都是文学专业，赵京华说这与他从儿时起就喜欢阅读文学作品有关。

“自小学高年级起我便悄悄开始阅读古今中外的小说，乐在其中而不能自拔。这也是受到家庭的影响，家里有一些这方面的藏书，并且通过父亲的友人得以到省社科院图书馆自由阅览。1978 年恢复高考后，我毫不犹豫地选择了中文专业。”赵京华说。

日本一桥大学是只有商学、经济学、法学和社会学四个专业的人文社科类大学。赵京华选择“社会学”是因为喜欢它的区域研究特别是其中的“东亚社会与文化”研究方向，即从社会学的角度认识东亚区域的社会结构及其文化构成。这给他后来的学术方法以决定性的影响，如今赵京华主要研究中日文学文化关系和东亚同时代史。他说做鲁迅及中国现代文学的研究时，也会时时注意在“东亚视角”之下，从区域社会的历史和文化交互作用的方面去理解文学、认识中日文化关系等。

他先后在日本埼玉大学、爱知大学、东京大学等担任过客座教授。在教书育人的同时，他笔耕不辍，著作颇丰。著有《日本后现代与知识左翼》《周氏兄弟与日本》《转向记》《中日间的思想》等。2021 年，还有两本著作——《活在日本的鲁迅》《思想构筑未来——中日思想文化读书记》可望出版。译著则有木山英雄《文学复古与文学革命》《北京苦住庵记》；子安宣邦《日本现代思想批判》；柄谷行人《日本现代文学的起源》《世界史的构造》等。还曾主编中文版六卷本《柄谷行人文集》。

赵京华觉得学术研究虽是很枯燥的事业，但也乐在其中。他说在东京留学、工作十余年，最大的收获就是学到了日本学者严谨治学的方法。无论研究社会文化还是文学历史，都要讲究专业的科学方法，包括从规范的逻辑推理和确凿的事实及文献史料出发，同时尊重独立思考和创造性思维。这就是我们今天讲的学术规范。“我是 1990 年出国留学的，那时候我们这方面的制度建设和训练还远远不够。记得第一次在学术期刊上发表论文，日本先生就要求我必须严格注释出他人观点的出处，包括间接引用也要明确标示出从哪儿到哪儿是人家的意思，称这是对前人研究成果的尊重。实际上，这也是对学术事业的一种敬畏态度。”赵京华回忆说。

将研究心得和成果带入课堂教学

“记得第一次踏入二外校门，我就被校园的小巧玲珑吸引，明德楼前面的成片树林，求是楼和体育操场的敞亮精美，还有学生们青春靓丽而朝气蓬勃的风貌，都给我留下了深刻印象。”赵京华教授于 2016 年从中国社科院调入北京第二外国语学院。对二外的第一印象，他说当然是大家都认同的“小而美”。

赵京华教授目前每学期要承担中国现当代文学专业研究生和文传院普通本科生各

一门的教学任务。“比起中青年教师，我的课时量算是少的，但一样要处理好教学和科研工作的关系，特别是像我这样以前是在研究机构专门从事科研的人来说，更是如此。我的办法是，尽可能地做到教学和科研相辅相成，在给学生讲授基础知识的同时，会把自己的研究心得和成果也带入课堂教学。”他给本科生讲授“当代文化研究导论”课时，在介绍了“二战”后世界当代文化发展的基本脉络和逻辑结构之后，通过专题的方式把自己近年来研究社会现代化、东亚文化交流、后现代思潮等问题的内容以深入浅出的方式介绍给同学，使他们了解到学术界有关研究的最新动向。讲授研究生的课就更是如此，无论是“人文社会科学前沿”课还是“中国现当代文学研究经典”课，赵教授都会把自己的研究成果编成系列教材，在课堂上与研究生讨论，以此达到教学相长的目的。这样，基础教学未必就是负担，学术研究也能成为与学生互动的材料。

融入日常教学工作后，赵京华说他发现二外不仅“小而美”而且“小而精”，外语专业特别是其中的小语种不必说，经管、旅游、外交、人文各学科，不但学科配备重点突出，整个学校的管理和教学秩序也井然有序，的确是一所高水平特色型大学。在平日里与学生们的交谈中，赵京华觉得：“同学们的水平未必各个拔尖，但风华正茂而视野开阔，一句话，有着非常好的文化涵养和理解能力。到二外教书，我感到与以往最大的不同，就是每天与青年朋友相处，自己也仿佛多了一份朝气。”

谈及心中理想的师生关系，赵京华教授说他的基本原则是教学相长、互通声气，不做填鸭式教学而以开放包容的姿态面对学生。课堂上无论怎样稚气的提问，他都会耐心回答。“课下，同学们愿意交流的，我也诚心相待。我真心期待，同学们在校能够学有所成，走向社会后则顶天立地而成为有所贡献于国家的人。我的任务，就是把基本的知识和思考方法传授给同学们，使他们成为热爱生活而有独立思考的成人。师道尊严当然不可全废，但师生友爱相处更是重要。”

在青年中推动经典阅读

随着科学技术突飞猛进的发展和大数据时代的到来，人们的“时间”被高度压缩。各种信息的爆炸式即时传播使我们无所逃遁，而倍感生活的紧张繁忙。传统的深度思考式的经典阅读方式，逐渐被碎片化式的浏览所取代。更有甚者，大数据时代的一个重要变化是不再追求事物的因果关系，而只注重描述，即以叙述的方法取代分析的思维。网络上的跟风现象、不求信息的真实与否而只顾人云亦云的痛快，都提醒我们碎片化阅读很可能使我们逐渐丧失独立思考和创造性思维的能力。

对此，赵京华在深感忧虑的同时，也为这种现象提出对策："虽然我们如今处在一个大众消费时代，但不能人人都做'吃瓜群众'。因此尤其在培养高级社会人才的大学里，要积极推动经典阅读。像对鲁迅这样经典作家的经典作品的深度思考型解读，尤其值得推行。"他认为，鲁迅是能够真正看懂中国历史和现实的少数智者之一，20 世纪中国的文学和思想因有他的存在而得以达到至高水准。我们需要不断地阅读和传承鲁迅的思想精神，这样，我们个人和民族才能变得更加杰出。

至于未来鲁迅研究的走向，他认为人们将站在今天对于 20 世纪中国历史乃至世界史全新认识的基础上，再次把鲁迅的思想和文学放到他所属那个时代的中国乃至世界语境中，重新发现他与那段历史的血肉联系，从中追寻他对当今时代的启示。这个走向，可以称之为"再语境化"。这个"语境"应当包含着以反帝反封建的革命方式在西方之外谋求现代化的历史全过程，其中也蕴含着反思现代性的要素。"在我看来，这个反思现代性的要素对于今天的我们更为重要，或许能够为思考在 21 世纪全新时代如何克服资本主义现代性的危机、如何摆脱极端民族主义，提供重要的思想参照。我想，这将是今后中国鲁迅研究者要深入思考的新问题。"

赵京华教授的一天从晨跑开始，早饭后他会以一杯浓香的咖啡投入到一天的读书、写作工作。他说以前喜欢杂览，古今中外人文社科的书籍都喜欢拿来翻阅。如今教学、科研任务较重，读书基本上都是为了既定的教学科研目标。书桌上摆放的是上海大学王晓明先生的《无法直面的人生——鲁迅传》，他说这是最近阅读的比较有趣的书。该书初版于20世纪90年代，前不久由三联书店修订再版，以纪念鲁迅140周年诞辰。"我以前浏览过，这回算是重读。作者将 90 年代中国知识分子特有的精神苦闷投射到鲁迅身上，而写出这本'我注六经'式的作家传记，非常有意思。我在研究生教学和科研项目的研究中，会介绍和参考他的观点。"

（作者：唐恩思）

4. 陶冶：用高质量漫画讲好中国故事

BISU 人物时光纪：陶冶，北京第二外国语学院教授。日本首位漫画学博士，中国漫画文创研究院院长，一般社团法人——日中漫画学会会长，第三届中关村文化创意产业十大新领军者，北京海外高层次人才协会理事，原中国美术家协会漫画艺术委员会主任助理、秘书长。

5 月 29 日，在刚刚结束的第十一届全国大学生红色旅游创意策划大赛（以下简称“红旅大赛”）全国总决赛上，来自南开大学、北京林业大学、东南大学、湖南大学、北京第二外国语学院、中南林业科技大学的 6 个作品获得大赛特等奖。引人注意的是，今年红旅大赛首次增加“三个一百”，在往年“红色旅游线路设计”“红色旅游目的地设计”“红色文创产品设计”三个传统项目的基础上，增加了“红色足迹微视频”“红色精神微讲解”“红色故事微漫画”三个新类别。最终评选出“百部红色足迹微视频”“百部红色精神微讲解”“百幅红色故事微漫画”，以更贴近 95 后、00 后的表达方式，吸引青年“后浪”们充分发挥自身专业优势，为红色旅游发展注入新鲜元素，助力地区旅游经济发展。

“一幅图画有着与一篇文字、一段影像不同的魅力。我们要对外讲好中国故事，漫画可以是一种非常有效的方式。”中国漫画文创研究院院长、红旅大赛漫画组评委陶冶教授希望大赛种下的漫画这颗传递“红色文化”的种子，能够为明年的大赛开出更绚烂多彩的果实，创作更好更多的作品。

多年日本求学，曾在东京南青山办过画廊，陶冶在日本学习、工作、生活了 10 多年，对日本的漫画产业发展和漫画教育感触颇深。“大概 20 年前，日本已经将漫画向学术方向发展，这也使得他们的漫画事业后劲十足。”在陶冶眼中，漫画，不仅仅是一种通常意义上受年轻人追捧的艺术形式，更是一种文化载体，一种工具（实用漫画）

及教育形式。从自己画漫画到教人画漫画，他的漫画教育理念逐步发展、成熟，甚至开始布局未来。回国后，他回到母校北京第二外国语学院，在日语学院主持开设了中日漫画文创专业。“我们中国的漫画事业要想有所发展，一定要培养人才，特别是高端人才。”

走上漫画创作之路

学生宿舍窗户玻璃被打碎了，学生们过上了真正的“十年寒窗”日子。就是这样一幅略带讽刺但更多是反映学生日常的漫画作品，颇有“漫画以笑语叱咤人间”之味，从此开启了陶冶的漫画之路。从小就喜欢画画的陶冶经常会包揽班级里画板报的任务，他的漫画作品细腻工整，对校园生活还带有批判性和思辨色彩。历史老师看到陶冶的绘画天赋，为了鼓励家庭贫困的陶冶，便帮他买了邮票将漫画作品投给当地报纸。

原本只是为完成老师交代的任务，但陶冶没想到，两周后他收到了印有自己漫画作品的《呼和浩特晚报》版样。第一次投稿就被刊登，而且还是两幅作品一起发表，令人惊喜的是居然还有 5 元钱稿费。“简直就是一夜暴富的感觉。”在那个年代，尤其对于家庭条件并不好的初中生陶冶而言，这 5 元钱带给他的影响是震撼的。以前只是让自己凭着一腔热爱和兴趣去做的事情，现在还能为家里带来收入。陶冶热爱漫画并从此走上漫画创作之路。虽说有现实的因素，但这条艺术追寻之路一走就是半生，如此坚定持久，确也是真正找到了一生挚爱。艺术源于生活，意思是艺术从现实中产生，但又不同于现实。艺术家会在作品中掺入更多的对生活的期待，赋予其新的内涵，使之能更好地指导我们去生活和工作，或者成为我们的动力。这也是在物质生活满足后，我们对精神生活的需求。

此后，陶冶经常给《呼和浩特晚报》《内蒙古日报》投稿漫画作品。他至今都很感激那两位赏识他、为他铺垫漫画事业道路的《呼和浩特晚报》美编，就连“陶冶”这个名字也是编辑所起，寓意用漫画让读者“陶冶情操”，他一直使用至今。

1986 年，陶冶考入北京第二外国语学院日语专业。大学四年，他依然笔耕不辍，“北二外的日语专业为国家培养了很多人才，我在二外的学习生活很充实，老师和同学们对于我学习之余创作漫画也抱有宽容的态度。”画漫画为陶冶紧张的学习节奏带来片刻放松，成为他学习生活的“缓冲带”。日语语言的精进和漫画技巧的日臻成熟让他对未来充满憧憬和期望。

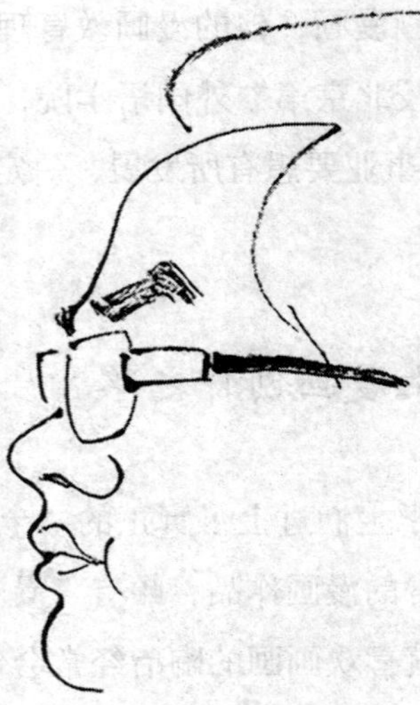

陶冶自画像

作为当时业内为数不多的既懂日语又会画漫画的人，尤其是语言优势让陶冶担起中日漫画交流使者的角色。在不频繁的工作接触中，他认识了日后在漫画研究方面给了自己很多指导和启迪的日本漫画大师牧野圭一，也为他未来去日本学习漫画专业、发展个人漫画事业提供了人生机遇。

回到漫画梦开始的地方

从北二外毕业后，陶冶到北京工业大学任教。1991 年，他获得了去日本访学 3 个月的机会。在日本，他感受到浓厚的漫画教育氛围。通过自己的学习创作经历，陶冶深刻地认识到，漫画，特别是单幅漫画，是一种可以集中培养年轻人观察、思辨、归纳、提炼、表达等多种能力的教育形式。因为要把一种社会现象或一个突发事件高度浓缩到一幅画作中，而且是以线条、色彩、构图等方式呈现，至多配以很少的解释性文字，其实并非易事。“日本在教育、漫画的定位上有很多独到之处，值得我们学习。”和良师益友牧野圭一教授一起，陶冶做了多年中日漫画艺术研究和比较工作，也越发产生了想把自己在日本收获的这些理念和经验带回祖国的念头。

受当时日本大学专业设置的限制，陶冶在获得漫画专业硕士学位后，几经周转，才在日本法政大学找到一位导师——太田胜洪教授，可以在法学部政治学专业下指导他学漫画，这也让陶冶成为日本历史上第一位漫画学博士。随后，当董事长、办画廊、开（文创设计）公司，陶冶在日本的发展可以说是一帆风顺，红红火火。然而，看到祖国在漫画方面与日本的差距，他总觉得不能做一个旁观者。“都说出国之后更爱国，有时候心里在意别人评价中国的那种程度，连自己都觉得吃惊。”当小学四年级的女儿回到家中，开始不愿意和他用中文交流时，他强烈地感觉到文化根脉的断裂。“我也尝试过各种形式的为祖国服务，但总结起来还是回国最简单、最直接。”2013 年，陶冶辞掉了日本的各种职务，只带着从这里学到的漫画教育理念，以及对中国漫画事业未来的憧憬，回到了阔别 17 年之久的祖国。

为中国漫画事业绘出未来

如何让对餐饮浪费行为说“不”的责任意识在首都校园蔚然成风？北京第二外国语学院日语学院的师生们以实际行动厉行节约、反对浪费，通过漫画创作躬亲践行，培育学生勤俭节约的良好美德。2020 年，在北二外日语漫画文创专业“陶冶漫画沙龙”创作指导活动中，日语漫画文创专业 2019 级、2020 级本科生和部分研究生及其他学院的部分同学参加。

此次“节俭—光盘行动”漫画创作活动中，陶冶向同学们强调了制止餐饮浪费行为的重要意义，也让同学们更加坚定了珍爱粮食的责任意识，并将自己对全球粮食危机问题的思考付之于以“光盘行动”为主题的漫画作品中。通过漫画柔性的无声浸润功能，倡导科学、健康的生活方式和理性、平和的消费心理，在校园中营造理性消费、健康饮食的良好氛围，形成简约餐饮的时尚新风。

“通过漫画创作这一方式传承节俭美德，杜绝浪费陋习”是此次活动的一个重要主题。在分享与交流的过程中，同学们纷纷拿出纸笔，随时记录自己的体悟，在灵感迸发间将节约粮食、反对浪费的概念具象成漫画，绘制于纸上。在此过程中，陶冶也亲自为同学们在绘画技巧与创意设计上提供了具体的建议与指导。

谈到为何选择在北二外开设中日漫画文创专业，陶冶表示，除了割舍不掉的母校情结，服务北二外专业设置整体性转型，同时为学生在语言之外多增加一项实用技能、一个人生选项，是他最核心的初衷。

日语是北二外传统优势专业，在学校曾经面向日语专业学生做的一项“为什么学习日语”的调查中，有 62.8% 的学生选择“因为喜欢日本漫画动画”。“这个数字看起来有点儿不可思议，但细想下又在情理之中。”陶冶认为漫画是一种非常适合年轻人之间沟通交流的媒介。在常年的沟通中，很多日本漫画教育从业者或大学经营者都向陶冶提出，中国学生鲜少赴日本进行漫画领域的高水平学术研究，语言是重要的限制因素之一。“既然这些学生来二外学习日语，又喜欢漫画动画，那为什么不给他们专门开设这样一个复合型专业呢？”不仅培养现在的学生，还要培养未来能够教学生的人。陶冶说，目前国内已经有越来越多的院校开设偏向漫画方面的专业，但整体上仍未达到能够将这门艺术上升到学术层面的高度，所以他希望在北二外的这种尝试，可以在培养漫画领域学术研究型人才模式探索上达到抛砖引玉的效果，为中国的漫画事业注入持续发展的不竭动力。

“现在多一家漫画公司，对中国漫画事业的整体发展并不会起到实质性的推动作用，但多一所大学开设相关专业就截然不同。”从现在开始为中国漫画事业的未来培养高层次人才，甚至是为未来的高层次人才储备高水平的教师资源，在陶冶看来应属当务之急。

“剩下的就交给时间吧。”从 2013 年回国到现在，陶冶目睹了国内漫画产业的跨越式发展。如今，新生代的读者版权意识越来越强，加上国家正向的宣传引导以及不断完善的监管力度，使得付费看漫画的观念逐渐深入人心。这不仅让漫画作者看到了从事这一行业的前景，也吸引了大量资本涌入。同时，由于付费带来的对漫画质量要求的提升，也必然会倒逼整个漫画作者群体提升自己的水平，形成良性循环。“漫画相对门槛会高一些，一批高水平漫画作者的成熟需要一个比较长的周期，这也是为什么目前我国漫画发展整体比日本还要滞后一些的原因。”但陶冶信心满满，“我相信这只是时间问题。只要我们把漫画教育做好。”

“想为国家的漫画发展贡献一点力量。”北二外中日动漫文创专业的学生们说。这些看着日本漫画动画长大的一代人，大多有着更为强烈的“国漫崛起”之梦。“MANGA”是日语中漫画一词的罗马字写法，几乎已成为全世界对于这种艺术形式的定式认知，可以说是日本文化输出的典型成功案例。“漫画也是一种国家文化软实力的体现，或者说载体和媒介。”陶冶认为，我们要对外讲好中国故事，而且北二外作为市属院校，还要讲好北京故事、首都故事，漫画可以是一种非常有效的方式。陶冶为他的学生们种下了漫画这颗能够“陶冶情操”的种子，希望他们能够收获中国漫画事业灵动曼妙的未来。

（作者：唐恩思、惠娟）

5. 梁昊光：奔忙在丝路上的“斜杠学者”

BISU 人物时光纪：梁昊光，北京第二外国语学院“数字一带一路重点实验室”主任，教授，博士生导师，北京市首都发展研究院院长。梁昊光教授入选 2020 年度国家级人才项目，并被授予“有突出贡献中青年专家”荣誉称号。他入选 2019 年北京市宣传思想文化系统“四个一批”人才名单，曾获国土资源部“国土资源科学技术奖”一等奖、北京市社会科学院第十三届、第十四届优秀成果一等奖等。出版《首都经济圈生态区研究》等专著五部，主编《中国区域经济发展报告（蓝皮书）》，主编或执行主编《中国一带一路战略发展报告》等七部。主持国家自然科学基金项目面上项目，主持北京市科技支撑计划项目，主持北京市哲学社会科学基金重点项目等基金项目 7 项。主持完成《首都 2030 经济发展预测及主导产业支撑研究》《转变经济发展方式支撑首都建设世界城市研究》等重大课题 40 余项。在《地理学报》《地理研究》《城市与发展研究》等权威期刊发表论文 60 余篇，研究成果在《人民日报》《经济日报》、新华社等媒体获得推广。

“北二外作为我国以外国语言文学和旅游管理为优势特色学科、具有鲜明国际化特色的教学研究重镇，必将抓住机遇、迎难而上，为国家‘一带一路’倡议和首都‘四个中心’建设提供坚实的多元化服务与智力支持。”这是北京第二外国语学院中国“一带一路”战略研究院执行院长梁昊光教授在第二届“一带一路”国际合作高峰论坛上向世界传达的“二外声音”。

150 多个国家、90 多个国际组织、近 5000 位外宾——4 月 25 日至 27 日，这场赢得世界瞩目的盛会——第二届“一带一路”国际合作高峰论坛在北京成功举办。梁昊光教授受邀全程参与相关会议。

虽然来到北二外工作只有四年多，但这位“一路狂奔，做更好自己”的年轻院长却得到了全校师生的“点赞”，成功入选“北京第二外国语学院2018年度十大人物”，并带领中国“一带一路”战略研究院连续多年被评定为“一带一路”智库前5名，于2018年入选中国智库索引（CTTI）来源智库。2020年，人力资源和社会保障部公布了2020年度国家级人才项目入选人员名单，梁昊光教授成功入选，并被授予“有突出贡献中青年专家”荣誉称号。他是北京第二外国语学院自主培养的首位国家级人才项目入选。他还入选2019年北京市宣传思想文化系统“四个一批”人才名单。

搞科研要有颗谦卑而热情的心

“要对这个世界保持热情”，这是梁昊光院长经常挂在嘴边的话，而他本人也身体力行。博士期间，梁昊光攻读的是发展经济学专业，博士后在中科院地理科学与资源研究所经济地理专业做研究员，在随后的研究历程中围绕城市发展战略与政策研究方向产生了诸多成果，并担任北京市首都发展研究院首席专家。经过不懈努力，他在“一带一路”投资与安全、语言政策与战略研究等研究领域成果颇丰，在《新华文摘》《学术前沿》等权威期刊发表论著十余篇。“现在有个说法不是叫‘斜杠青年’嘛，像我这样的学者，过去可能叫复合型人才，现在或许可以改叫‘斜杠学者’了。”谈及自己多元化的专业背景，梁昊光笑说。

生活中的梁昊光幽默风趣且爱好广泛，但在科研工作中，他一直以严谨踏实、求真务实的原则要求自己。在梁昊光看来，科学研究是崇高的，不能将数量和经费作为衡量科研的指标。虽然是一项再平凡不过的工作，但要善于自主地进行批判性思考，有一颗敢于怀疑传统的求真之心。“搞科研，最重要的还是要耐得住寂寞与劳苦，只有对科研工作葆有热爱，才能顶住压力，长期进行科学研究工作。”

转入“一带一路”发展战略与政策研究领域后，梁昊光将自己既有的知识体系与当前的研究领域结合起来，二者相得益彰。不出所料，成果很快就体现出来，梁昊光带领团队开发了“一带一路”大数据分析系统，组建的国家“一带一路”大数据分析与决策支持北京市重点实验室为我国“一带一路”倡议提供了科学依据与决策参考，填补了该领域的研究空白，对学科建设有着举足轻重的作用。与此同时，梁昊光在“一带一路”地缘经济基础研究、应用研究与决策研发上的累累硕果，也展现了他深厚的经济学基础与灵敏的政策解读能力。

建设有二外特色的高端智库

2015年1月31日，这是梁昊光和其团队的“大日子”。这一天，北二外中国“一带一路”战略研究院成立了。

“这是我们为之奋斗了无数个日日夜夜的一天，也是期盼已久的一天。”梁昊光说。2013年9月和10月，习近平总书记在访问哈萨克斯坦和印度尼西亚时分别提出共建“丝绸之路经济带”和“21世纪海上丝绸之路”的合作倡议，在发展理论与政策分析领域深耕已久的梁昊光马上意识到“一带一路”倡议的研究与应用前景。彼时，《关于加强中国特色新型智库建设的意见》正式出台，一心想要为北二外学科与智库建设添砖加瓦的梁昊光便为中国“一带一路”战略研究院的成立开始了紧锣密鼓的准备。

北二外“一带一路”研究院的定位是什么？应该聚焦在哪些方面？在筹备的日子里，这是梁昊光不断思索的问题。

北二外地处首都北京，自然具有地缘优势，而学校的外国语言特色学科优势也为梁昊光的研究指明道路。“我意识到，只有凭借学校以服务国家战略和首都需求为导向的理念才可以获得突破，研究院可以在‘一带一路’人文与外交、投资与安全、语言战略与规划等三个方向聚焦。”

指向正确，道路光明。梁昊光围绕首都经济与“一带一路”地缘经济做出的一系列理论创新与应用探索，为我国引领“一带一路”生产力布局的科学性提供了有力支撑。在学校的大力扶持与团队的共同努力下，北二外中国“一带一路”战略研究院自成立以来，便紧紧围绕着数字互联互通建设为“一带一路”政策与决策提供支持，取得了丰硕成果。

“争分夺秒”地建设智库只是梁昊光学术计划中的一小步，在理论创新研究、著书立说等方面取得突破也在他的人生规划之中。

2018年10月，梁昊光申请的《系统规划设计“一带一路”互联互通研究》被批准为“2018年度国家社科基金重大研究专项”，也是北二外在国家级重大项目上的突破。其著作《“一带一路”二十四个重大理论问题》中英文版分别由人民出版社和德国斯普林格出版集团出版。与此同时，作为全国首批成立的“一带一路”新型智库和新丝绸之路大学联盟的首批成员，北二外中国“一带一路”战略研究院入选一带一路国际智库合作委员会机构成员。

写好丝路上的每一笔

相比首届“一带一路”国际合作高峰论坛，第二届高峰论坛规模更大、规格更高。来自37个国家和地区的元首、政府首脑等领导人以及联合国秘书长、国际货币基金组织总裁等出席了本届高峰论坛，法国、德国、英国、西班牙、日本、韩国、欧盟等也派出了由领导人委托的高级代表参会。梁昊光教授现场见证了国际社会发出的声音。

“世界上越来越多的国家同声响应、相向而行，加入了‘一带一路’倡议的大合唱，奏出和谐共赢的命运交响乐。‘一带一路’绝不是中国的独角戏，而是新型全球化阶段的世界大合唱。‘一带一路’倡议旨在通过加强国际合作，对接彼此发展战略，实现优势互补，促进共同发展，正是建设更有活力、更加包容、更可持续的新型全球化格局所迫切需要的有效推进方案。”梁昊光说。

习近平总书记在第二届“一带一路”国际合作高峰论坛上致辞时表示：“我们再次举行高峰论坛，就是希望同各方一道，绘制精谨细腻的‘工笔画’，让共建‘一带一路’走深走实，更好造福各国人民。”谈及这幅“工笔画”，梁昊光说，未来，北二外中国“一带一路”战略研究院将在学校的领导下，继续秉持齐心开创共建“一带一路”美好未来的理念，在智库合作委员会的指导下，借助“一带一路”的发展战略机遇，在国际人才培养、学术交流、项目共建等方面务实推进，升级打造一批有深度、高质量、能落地的研究成果，共同推进“一带一路”倡议继续向高质量发展方向迈进。

用科技为冬奥赋能

2020年10月，国家重点研发计划“冬奥全球传播服务平台研究及应用示范”项目获科技部批准立项。北京第二外国语学院作为课题承担单位，负责“冬奥赛事全球传播模型构建与国际传播影响力提升关键技术研究”课题的研究。课题的成功立项，充分体现了学校在媒体融合与计算传播学相关领域的跨学科优势。课题研究的推进和深化，将进一步提升学校媒体融合与传播国家重点实验室作为服务国家战略高端智库的行业影响力。随着冬奥会的临近，梁昊光作为项目的指导专家，也将更多的精力和心血倾注在冬奥项目中。

在“冬奥全球传播服务平台研究及应用示范”项目预启动会上，项目指导专家梁昊光介绍了项目重点任务。他表示，项目的成功实施，离不开团队的协作、信任、沟通和团结。项目实施要在解决科学问题的同时保证讲政治，要及时了解冬奥组委、国家有关部门和国际组织的实际需求，坚定以需求为目标、以服务为宗旨的工作方针等。他说启动会标志着项目已经进入了全面实施阶段，所有参与单位只有精诚团结，主动聚焦项目任务目标，不偏移方向，才能如期完成好项目规定的各项任务指标。

去年 10 月，梁昊光前往杭州轻寻科技进行交流，双方举行了《国家重点研发计划“科技冬奥”重点专项课题合作实施协议》签约仪式。轻寻科技重点演示了译带译路网如何服务冬奥项目，通过多语言翻译技术、多语言搜索技术，服务好冬奥全球传播的功能。

梁昊光表示，冬奥是当下最重要的主场外交活动，办好冬奥项目，有助于提高国家影响力、提高国家国际地位。他表示：“愿和高科技企业携手加强技术融合，打破课题边界，为奥组委提供服务，做好冬奥信息的立体传播，用科技响应 2022 北京冬奥会，让冬奥更好地覆盖到全球各个角落。这对于做好冬奥全球传播，讲好中国故事非常重要。”

（作者：于珊珊、唐恩思）

6. 洪芸：跨越时间空间，上好每堂汉语课

BISU人物时光纪：洪芸，北京第二外国语学院汉语学院副教授。1993年进入二外任教至今。从教二十多年来，她以亲切、自然、严谨的教学风格给留学生们留下深刻印象。2020年疫情期间，洪芸和学生们一起克服时间和空间上的困难，独出心裁地设计课程，给班里来自世界各地的100多名留学生上好每一堂汉语课。

从1993年进入二外任教，汉语学院副教授洪芸已经在二外度过了近30年的光阴。2020年，新冠疫情突如其来，教师和同学只能通过网课进行交流。洪芸和学生们一起克服时间和空间上的困难，独出心裁地设计课程，给班里来自世界各地的100多名留学生上好每一堂汉语课，不负自己作为一名对外汉语教师的使命与责任。

和汉语迷一起突破网课瓶颈

在三月初疫情最猛烈的时候，洪芸老师正在珠海待命，等待着学校教务处关于开设网络课程的通知。根据国家疫情防控指令，“上网课”成了远程教学的最佳方案。但对她而言，疫情只是众多的困难之一。“就是特别狼狈，随身也没有带电脑，更没有上过直播课。”好在云端上有提前上传好的课件，她向朋友借了一台电脑，才解决了技术上的问题。

问题不只是在技术上，同时也在师生的心理上。“因为疫情，这样的教学方式无论是对于老师还是学生们都是第一次。一开始还是有一些混乱，学生们都很焦虑。”洪芸老师特别心疼自己的学生，他们当中有的留在学校，有的回到了海外的家中。迷茫和不安慢慢笼罩了每一个人的心。“当时最重要的事情就是平复学生们的紧张与焦虑，因为在这种状态下，课是没法上的。”她想出了两个办法：疏解和转移。

先要疏解学生们内心的不安，走进他们的生活。洪芸老师根据不同的课程内容告诉同学们不同的学习方法。“阅读与写作没有很强的互动性，跟着我一定没有问题，但口语课就要求孩子们积极地参与课堂互动了。”除此之外，无法集中注意力也是一大难题。洪芸认为必须要把学生们的注意力转移到课堂上。她决定灵活地调整课程安排和进度。“这样就能够让学生们相对放松一点。每节课都是全中文讲述，一上就上一天，他们特别辛苦。”为了营造一个轻松愉悦的氛围，洪芸老师让学生们全部打开麦克风，并且随时准备好互动。“他们真的是汉语的死党，争着抢着回答问题。”隔着屏幕，每一个人的心都紧密地连在了一起。

跨越时间与空间的感动

“我真心觉得其实学生们比我更加不容易。”洪芸老师提到了自己和孩子们的“时差”。上课的时候，她让所有同学打开麦克风，其中有一个同学那里传来了婴儿的哭声，一问才知道，在他的国家，此时正是夜里三点。“我赶紧和那孩子说，你还上什么课啊，赶紧去睡觉休息，到时候看回放。”也有的学生凌晨五点就爬起来上课……他们都和老师说，自己虽然很困，但是直播有更好的互动感，上课效果会更好。“那时我就觉得很感动，自己在心里觉得不能够辜负同学们的这种精神，上好每一堂课，展现原汁原味的中华文化。”

洪芸在疫情期间要求学生们写一篇与疫情生活相关的作文。“很多同学怀念在二外的生活，我也能够看到他们心中的那种失落。”她给予每个学生不同的评语。其中一个学生写到自己在疫情期间认识了自己的男朋友，并把自己的心里话都写在了作文里。洪芸老师特别开心，并表扬她能够流畅地运用中文表达自己的想法，情真意切，充满细节。

学生们时刻洋溢着热情。课堂上的互动拉近了时空的距离。洪芸组织同学们读自己的作文，互相提出一些建议。每当读到一些病句时，大家就一起笑，同时也一起想修改的方法。她能读到学生们学习汉语的那份快乐与感动。“感觉自己深入了孩子们的内心。”学生们在作文里写每一天上过的课，有的记录了自己收获爱情的幸福，有的叙写了疫情期间小区居民的生活，有的写了自己家里的防疫日记。“距离很远，时差不一，感动却是实实在在的。”

“做一名对外汉语教师特值得”

回想起自己的求学经历，到最终选择成为一名对外汉语教师，洪芸不曾后悔。“那时想得很简单，就是想为传播中国文化，讲好中国故事献出一份自己的力量。”如今，她的学生遍布世界各地，他们向世界人民展示了中国形象、中国文化。她以孩子们为豪。

每每谈起自己的学生，洪芸老师都笑得特别开心。在她的脑海中，总是充满了学生们的趣事，每一个学生都与她产生了深深的连接。“我还记得有两个学生是跨国恋，最后真走到了一起，实在是太好了。”她还记得那两个学生在课上总坐在一块儿，用不太熟练的汉语相互交流。她还记得学生们毕业后去到的地方、从事的工作、引领的生活。

念念不忘，必有回响。来自圣多美和普林西比的马卡拉还记得在第一节网课上，洪芸老师甜甜的声音，以及她在之后给自己发来的短信，鼓励自己在汉语学习当中取得的进步。“她鼓励我多使用成语。她把我们当作自己的孩子一样，总是高高兴兴的。可和我们告别时，又忍不住流下眼泪。”洪芸老师也记得自己与学生们分别的那些瞬间，也记得学生们在生活中遇到的困难。“每每想到这些，眼泪就真地流下来了，我特心疼也特想念自己的学生们。”

对洪芸来说，幸福的秘诀其实很简单：和留学生们在一起。她记得疫情期间的每一堂网课、发去的每一条短信、学生们的每一个微笑、每一个用错的成语、每一篇真情实感写下的作文，等等。她说：“我忘不了以前教过的学生给自己的唱片，给自己的卡片，或者一个微笑一个拥抱。我觉得自己这教师当得特值。”

（作者：张延、杨楚锋　　指导教师：唐恩思）

7. 吴建设：二外是我的另一个家

BISU 人物时光纪：吴建设，北京第二外国语学院英语学院教授。毕业于安徽大学、厦门大学、清华大学，英语语言文学博士。入选中美富布莱特研究访问学者、北京市“百人工程学者”、北京市“长城学者”等计划。曾主持并完成国家社科、教育部社科，参与北京市社科重大、全国教科规划项目等项目，并在 Journal of Chinese Linguistics、Meta、《心理学报》《外语教学与研究》《古汉语研究》（2012）等专业期刊发表论文 20 余篇，出版专著、合著等 4 部。曾获 2017 年北京市高等教育教学成果奖二等奖。

吴建设曾荣获 2017 年北京市高等教育教学成果奖二等奖、北京第二外国语学院首届“青年优秀教学奖”、2012—2014 年度校“优秀党务工作者”、2018 年校“首届翔宇金牌指导教师”。入校至今，曾 5 次获得校“优秀科研成果（论文类）奖”（其中特等奖 3 次），3 次获得校“优秀教育教学成果奖”，2 次被评为校本科生科研立项“优秀指导教师”。

“我在老家待了 15 年，从此之后因为学习与工作关系而在安徽、福建、北京不同地方之间切换。北二外则是比我自己驻足家乡还要长的另一个家。”

“二外是我的另一个家”

北二外对吴建设而言，与其说是一个工作单位，不如说是他的第二个家。2003 年，一直向往高校教学与研究环境的吴建设，在北二外的一次招聘中，以优异的表现最终入职二外英语学院。做一名英语教师是他一直以来的梦想，在二外，这一干便是十几年。“当时招聘我的英语系系主任马老师以及学校人事处领导都让人倍感亲切，像家人一样。”吴建设回忆道。对于初来乍到的他来说，较为紧张的备课时间，算得上是一个小小的挑战。那段时期英语系的诸多同事们给予他温情的照顾与帮助，令吴建设至今难忘。在英语学院以及研究生处短暂的岁月里，他可以向不同老师学习，获得他们宝贵的帮助与友情；可以同学校各级部门与领导交流，得到他们无私支持；也可以与不同的同学一起谈论他们的学习与理想，感受他们无限的信任与激励。这一切都让他十分感恩。

吴建设认为自己除了是北二外一名教师以外，还是北二外发展的见证者。“在这里的十几年间，我见证了北二外 50 周年校庆，见证了学校新科研楼、新宿舍的建设，见证了北二外在专业与学科建设上的成长，当然也同时见证了一批又一批二外学子的亮丽风采。”

“学生们的不同要求往往是对老师们的一种美好期待”

吴建设很享受课堂，享受与同学们相处的时光，他平时会和同学们一起吃饭聊天。除了给同学们讲授课本上的知识以外，他还会像一个家长一样，给同学们分享一些工作和生活中的经验。他会以实例启发学生们如何做一个有社会责任感的人、有思考能力的人，如何规划学习生涯，如何保护自己。对于学生，吴建设付出的是真挚的爱，学生的荣誉时刻他也都记挂着。谈到优秀学生的时候，他随口便举了几个例子，并准确地说出了同学的年级和姓名。“其中一些学生因为‘学生研究项目’或优秀毕业论文而被宾州大学、哥伦比亚大学录取或去硅谷创业时，或者拿到挑战杯一等奖或发表核心论文时，或研究生争取到国外读博深造时，这些都是令人记忆深刻的。所有这些学生都积极向上，努力拼搏。我为他们、为北二外培养出这样优秀的学生而自豪！”

爱是相互的，老师关爱学生，学生自然也十分爱戴老师。在吴建设最早带的 2002 级学生中，一些学生直到近年还与他保持着联系；部分学生在毕业后会跟他交流工作、生活上的事情，向他请教如何进行研究生规划或如何买房子，邀请他参加他们的结婚庆典，等等。“他们从北二外毕业带走的是一种长久的信任。”吴建设欣慰地说。对于师生关系，吴建设有自己的看法，“我认为在处理师生关系时最重要的是，学生们不同的要求往往是对老师们的一种美好期待。只要不是不合理的，老师应该尽量满足这种期待。”

“学术科研助力改善课堂效果”

除了授课外，吴建设潜心钻研学术研究。他主要的研究方向是应用语言学和心理语言学，而选择这一方向的原因是，想思考如何改善课堂教学效果并设计教学环节。比如词汇、语法在本科英语学习中的可能贡献比率，显性与隐性教学方法的不同效果，母语阅读与二语阅读技能的异同，或出国留学语境对外语学习的影响等。最近几年，他转向了神经语言学，曾经赴美国马里兰大学神经成像中心学习与研究，主要在思考语言的具体语音、字形、语义信息在大脑的不同脑区如何进行协调与加工。在吴建设看来，多数的研究是有助于教学的。“我在自己的教学与研究中，常常在期末收集学生的反馈，在阅读中思考如何提高教学效率，如何提高学生的学习动机，如何改进教学方法。这些研究多数会基于部分课堂而进行，而其他一些理论研究则主要利用假期时间来完成。”

工作之余，吴建设喜欢用各种运动来放松自己。“以前很喜欢踢足球，现在是走路。我已经在蚂蚁森林中养了 3 棵梭梭树。”

吴建设同许多二外人一样，在二外这个虽小却温馨的大家庭中，做着自己平凡而又伟大的事情：教书育人，为二外谱写历史，为二外创造明天。

（作者：汪欣然、唐恩思）

8. 宋振美：上好一堂育人润心的思政课

BISU 人物时光纪：宋振美，副教授，博士，北京第二外国语学院马克思主义学院翔宇精品课堂平台建设负责人，北二外思政名师工作室负责人，长期从事思想政治理论课教学，主要讲授《毛泽东思想和中国特色社会主义理论体系概论》（本科生）、《中国特色社会主义理论与实践研究》（研究生）等课程。2019 年获首届全国高校思想政治理论课教学展示活动特等奖，2016 年获北京市师德先锋称号，2015 年获北京市属高校中青年思政教师择优资助，2013 获北京高校第八届青年教师教学基本功比赛二等奖，在《现代哲学》《社会主义研究》等杂志发表论文 10 余篇。2019 年，在首届全国高校思想政治理论课教学展示活动中荣获“毛泽东思想和中国特色社会主义理论体系概论”课特等奖。

“只有与祖国同在、与人民同行、与时代同进的高素质人才，才是社会需要的人才。思政课是学生成长成才的‘必需品’，是青年人知识体系中的重要组成部分。”在首届全国高校思想政治理论课教学展示活动中获“毛泽东思想和中国特色社会主义理论体系概论”课特等奖的宋振美说。

宋振美是北京第二外国语学院马克思主义学院思政课教师。在她看来，思政课是高校立德树人、铸魂育人的关键课程，是学生成长成才的引路明灯。站上思政课讲台十七载，宋振美秉承为党育人、为国育才的教育信念，一步一个脚印，回应学生的所思所惑，力争上好每一节思政课，讲好每一个中国故事，在潜移默化中为一批批青年学子点亮理想的灯，照亮前行的路。

融中外：思政课中的二外特色

11 月 29 日，宋振美代表北二外马克思主义学院在北京市委举办的“北京高校思政课程和课程思政改革创新现场推进会”上进行了十九届四中全会精神融入思政课堂现场教学展示。宋振美从习近平主席出访中的文化交流元素切入，特别选取了北二外孔子学院建设和校友王毅的例子，充分展示了外语院校的思政教学特色。

“在准备全国高校思想政治理论课教学展示的参赛内容时，我在教学设计上围绕思政课助力学校培养具有家国情怀的国际化人才目标，注重中华优秀传统文化的有机融入和国际化案例的选取。北二外思政课的文化底色和鲜明特色是我赢得评委们认可的根本原因。”宋振美说。

回忆紧张的备赛过程，宋振美认为荣誉的取得离不开学校、学院的大力支持。学校党委高度重视此次教学展示活动，党委书记顾晓园指示要举学校之力，做好赛前保障和比赛指导工作，并将教学展示活动与新时代学校思想政治理论课改革创新相关工作有机结合，拓展成果、增强实效。特别是在决赛前夕，抽取题目后，准备时间只有不到 10 个小时，马克思主义学院教师纷纷献言献策，给宋振美提供了有益的备赛帮助。

“我的同事马进甫老师提供了大量最新的习近平总书记的讲话内容，张敏老师毫无保留地将自己教学中积累的案例分享了出来，慕晓老师帮我制作了授课内容的思维导图。”宋振美说，“我只是那个‘被推到前台的人’，背后是学校层面的支持以及马院所有老师的帮助。”

兼知行：“考研姐姐”的育人初心

“一位合格的思政课老师，应该具有扎实的理论功底，要做到知行合一，要真信、真懂、真行，更要‘贴’着学情上课”，这是宋振美的自我要求。

2002 年来校工作至今，宋振美潜心研学、传道授业，始终从心底关切、爱护学生，始终思索着如何上好一堂思政课。20 年来，她采用学生喜闻乐见的教学形式，选取贴近生活的教学内容，回应学生的自身关切和社会关切，让课堂对学生有足够的吸引力。因为经常热心地为准备考研的学生义务辅导，宋振美被学生亲切地称为“考研姐姐”。

宋振美的思政课使同学们受益匪浅，青年们向上的积极面貌也使她印象深刻。在宋振美看来，近几年她在课堂上感到越来越自如，原因在于同学们对国家的道路和制度充满自信，在课上的表现越来越正能量，更多的同学能够客观地评价中国的政治道路和政治体制改革方向。谈及此，宋振美眼里涌动着欣喜："我发自内心地为同学们高兴，觉得自己的工作很有成就感。"

谋创新：三尺讲台上的坚守

思政课的教学内容要与时俱进，站上三尺讲台二十载，宋振美已经记不清更新了多少次课堂内容、制作了多少版课件。同时，多媒体教学手段的多样化以及"课堂—网络—实践"一体化教学理念的更新，都倒逼思政课堂形式不断改革与创新。

如今，宋振美在传统的思政课教学中，引入了问题式、辩论式、专题式等新的教学方法，并积极打造"课堂—实践—网络"一体化教学模式，整体推动思政课课内与课外、校内与校外、网上与网下深度融合，在新时代思政课创优行动中，协同构建北二外思政教学新模式。

近年来，北二外坚持立德树人根本任务，积极构筑"大思政"教育生态圈。在宋振美看来，作为思政课教师，推动课程思政与思政课程同向同行责无旁贷。

"在学校的支持下，我们正积极建设全校性的基础性思政课资料库，推动专业课程思政资源发挥协同育人作用。"宋振美说，"作为思政课教师，我们要坚持显性教育和隐性教育相统一，挖掘其他课程和教学方式中蕴含的思想政治教育资源，在全员全程全方位育人中发挥好主渠道主阵地的作用。"

实现"思政课程"与"课程思政"的有机融合，从谋篇布局到下棋落子，北二外"大思政"教育正在建构一种全新格局。在这个过程中，以宋振美为代表的北二外思政课教师秉承着"教学是一门永无止境的学问"的理念，以"上好一堂育人润心的思政课"为目标，以理想信念指引教书育人，以道德情操践行言传身教，在学生心中播撒下真善美的种子，在春风化雨中写下立德树人的最美注脚。

（作者：于珊珊、朱琳、李祎婷）

9. 肖洋：从外交梦到三尺讲台

BISU人物时光纪： 肖洋，北京第二外国语学院政党外交学院教授。2011年博士毕业于外交学院外交学与外事管理系，专业为外交学，获法学博士学位。主讲中国外交史、外事礼仪、中国政府与政治等课程。2016年入选北京市优秀人才资助计划哲学社会科学组青年拔尖人才。

我们小心推开办公室的门，一个挺拔的背影出现在我们眼前，他正小声地和他的学生讨论着什么，学生坐在他的斜前方，捧着几本书，他与学生的脸上都满是轻松的笑容。看到我们来了，他先是冲我们打了个招呼，示意我们稍等，然后转过去俏皮地告诉他的学生："采访我的人到啦！""老师那我先撤啦，您先忙！"学生迅速从座位上站起来，接着半开玩笑半认真地对我们说："你们还可以采访我呀，我知道肖洋老师！"话语之笃定好像与肖洋老师是相交多年的老友一般，了解他、崇拜他、信任他。"快撤快撤吧，记得来上我的课！"肖洋老师朝她挥挥手说道。

准备就绪，我们与肖洋老师一个多小时的对话就这样开始了。

肖洋出身军人世家，受家庭因素的影响，他从小就梦想着走上前线保家卫国。小时候，老师曾对尚不知"外交"为何物的他说："外交官，是不穿军装的解放军。他们和解放军一样，都是在第一线浴血奋战、捍卫国家尊严的人。"肖洋的外交梦正是从此刻开始种下的。而真正促使他踏上外交路的，却是他在成长过程中，看到国家外交之路出现的问题。话到此处，他的眉头轻皱，语速加快，声音也变得低沉，仿佛他的眼前又出现了1993年被扣留的银河号货轮、1999年被轰炸的中国驻南斯拉夫大使馆。

外交场，是真正的战场

1993年的肖洋是十二岁的热血少年，1999年的肖洋是十八岁的爱国主义青年，中国所遭受的刁难和磨难像藤条一样打在了他的身上，每一下都火辣辣地疼。“我选择外交不是因为这份事业有多么洋气和时尚，而是在那一刻，我切身地体会到了身为外交人士应当具备的使命感和责任感。在战争爆发之前，外交场，是真正的战场。”

在亲身感受到国家面对的外交困境之后，肖洋也做了一道人生中最重要也最难的选择题，这道选择题的选项A为家，选项B为国。25岁那年，肖洋报考了外交部直属的外交学院，并顺利通过初试进入复试。或许是福祸相依，在复试当天，出于紧张，肖洋给家里打了一通电话，正是这一通电话让肖洋偶然得知祖父病危。“我当时反复在想，要不要参加复试，因为我想见爷爷最后一面。”但这道选择题，肖洋最终还是选择了“B. 国”。因为肖洋明白，他不只是祖父的孙儿，还是一名中国人，他肩上担着的责任除了尽孝之外还有改变家族和国家的命运。那一天，肖洋顺利通过复试，进入外交学院，成了外交学系苏浩教授的门下弟子。“做外事工作本身就应该懂得取舍，很多时候都是完完全全地舍小家保大家。”肖洋的眼神很笃定。

来到二外，因为简单淳朴的学风

“爱情是信仰，求学是修行。”肖洋的言语中散发着浓浓的蜜糖气息，也充斥着他对求知的渴望与虔诚。求学二十载，肖洋最后选择了成为“肖老师”，在学术圣殿——大学为国家培养优秀的外交人才。漫漫求学路上的坚持以及他毕业后的归属——二外，都与他的妻子息息相关。肖洋与妻子是大学同窗，而后又一起读研，一起攻博，最终走到一起，毕业后他与妻子一同来到了二外。他和妻子与二外的故事正是从这个时候开始。

来到二外，最初是因为爱情。但后来，是因为这里简单淳朴的学风。“第一次踏入二外，就看到三教的每个楼梯口都站着一两位正在背书的学生。”肖洋从他们清澈的眼神中感受到了无尽的求知欲。在肖洋眼中，那种求知欲是单纯的，不具功利性的。学生们捧着书大声朗读的模样、那一双双渴望知识的眼睛总能让他精神抖擞。那个时候，他就开始明白，所谓二外“小而精”，“精”指的不仅仅是“精致、精美”，更多的是

“有精气神”，这个“精”是“精神抖擞”的“精”。

用正能量温暖学生

2021年是中国共产党建党100周年。肖洋在一篇题为《沐浴红色的信仰，追随父辈的感召》的入党故事征文中写道：沐浴着红色的信仰，追随着父辈的感召，学生时代的我凭借扎实的学术功底与坚定的共产主义信念成了一名光荣的中国共产党员。走上教师的岗位之后，我更是一刻也不敢遗忘党的哺育和培养。我主动担任首批课程思政示范课教师，并被学校推荐申报第二批高校“双带头人”教师党支部书记工作室。在课堂上向学生们讲述党的故事，是我孜孜不倦的责任。

在《中国近现代外交》的课堂上，从建党之初，到新中国成立，他和学生们一次次重温着党的成长历程。中国共产党依靠和带领全国人民前仆后继，百折不挠，经过近三十年艰苦卓绝的斗争，推翻了帝国主义、封建主义和官僚资本主义的统治，取得了新民主主义革命的彻底胜利。每每说到这里，他的激动和骄傲总是溢于言表。而在讲授《当代中国外交》时，面对党领导下中国的日益繁荣与富强，他也总是发自内心地祝福党，对党的未来寄予着无限的美好期望。

“我用正能量温暖他们，他们用感恩之心回报社会。我愿在二外这片小而美的土地上，凭借着那方三尺讲台，向我的学生们讲述真实的中国共产党。”他说他希望自己是一个热腾腾的火炉，每个学生都能从他这里取走一块炭火。肖洋表示，“我深切希望学生们能通过我的言行，真切了解这个兼具仁与爱的组织，并成为党和国家的新力量、新希望。”

讲台，是播撒智慧的地方

从25岁步入外交学院学习，到如今站上二外讲堂教授外交，肖洋在外交路上已走过11个年头。

肖洋上课仍然保持着“起立”的习惯。在《中国近现代外交》课上，肖洋站在讲台上，穿着黑色棉服，藏蓝色毛线衣里搭配着白色衬衫，鼻梁上架着方框眼镜。上课铃一响，一声响亮的“起立”就从教室的某一个座位向四周扩散，同学们午后的倦意一扫而光，迅速从座位上站起来。肖洋则回赠给学生们一个灿烂的笑，并示意同学们坐下。“今天带手绢了吗？”肖洋抿嘴一笑。底下的同学们齐刷刷地问：“老师，带手绢干啥呀？”“擦眼泪啊，今天我们讲红军长征过程中遇到的艰难困苦。”肖洋清了清嗓子说道。一堂严肃的课以一段轻松且幽默的对话开启。

肖洋的课总是“干货”满满，他的课不单纯地讲外交，他会旁征博引地给同学们说历史说文学说音乐。他在课上讲中国共产党如何一步一步地成长，讲《包身工》这篇文章反映的社会问题，讲《国际歌》背后不为人知的故事。而这些色香味俱全的干货，正是他在课下精心准备而来的。

肖洋在教学上是一个对自己要求很高的人，有时他会花上两小时的时间找一张令人满意的图片，在课上呈现给学生。他的课件就像实时更新的软件，每年的课都是一样的，但每年都会有“新应用”。“教师的每一次敷衍，学生都看得出来。”肖洋厚厚的镜片下似是有一双能够看透人心的眼睛。

“上我的课就像看美剧，越上越想上，让人欲罢不能。”肖洋的话中带着自信也带着欣慰，他知道他的不敷衍得到了学生们的回应。肖洋的涉外礼宾礼仪课在二外是网红课，即使是在17周的考试周，或是四六级考试冲刺阶段，这堂课也是座无虚席，200人的教室场场爆满。他教给同学们极具实用性的外事礼仪，同时也让大家从自己的亲身经历中吸取教训，让他的学生站在他的肩膀上看世界。共鸣就这样在一位青年教师和近200位20来岁的年轻人中产生。

四点四十五分下课铃打响，“起立”，熟悉的声音再次扩散到教室各个角落……同学们陆陆续续离开，肖洋仍站立在属于他的讲桌前，耐心地为他的学生解答疑问。“还是想对你们说少看电视剧少玩游戏多跑图书馆，想想看多少人要为你们的懒惰负重前行。”肖洋语重心长地对他的学生说道。五点二十分，肖洋拿上水杯和学生的作业，关上电脑和灯，最后一个离开教室。六点半，肖洋又要赶赴求是楼给他的学生上外交外事礼仪课了。

（作者：陆吉莅、兰思敏、孙佳欣、唐恩思）

10. 宋飞：以虚拟为轮，载现实前行

BISU 人物时光纪：宋飞，北京第二外国语学院汉语学院副院长。主要从事语言智能、国际汉语教学计量研究、文化科技融合方面的研究。目前主持北京市社会科学基金项目等多个科研项目，作为骨干成员参与国家社科/国家自科基金重大、重点、一般课题多项，出版专著1部，参写、参编两部，在中外学术刊物上发表论文10余篇。曾获北京高校青年教师教学基本功比赛一等奖，编写出版中国第一套VR语言教材。

你是否也曾为上网课走神而苦恼？在这种自主性极强、要求专注度极高的教学模式下，想要自己一直保持全神贯注确实有点困难。但假如你习惯性扭头要走神，却发现依然身处“教室”；转过身，就可以和千里之外的“同桌”对话呢？

这样的描述似乎只有在VR场景下才有可能发生，不错，现在它已经借助VR实现了。一直以来，VR技术都以沉浸式体验闻名，且广泛运用于影视、游戏领域。“这么好的技术既然可以用在游戏中，为什么不能应用到教学中呢？”怀着这样的想法，汉语学院的“硬核”老师宋飞就干了这样一件事。

“硬核”老师的VR梦

“我觉得目前在汉语教学中，老师们对于VR、AI等新技术不是特别敏感。”提及运用VR教学的初衷，宋飞表示一方面是想要抓住技术进步的机遇，另一方面是希望解决教学中的现实难题。

宋飞关注到，近些年VR等新技术发展迅速，不仅涌现出了很多应用场景，且已在很多领域广泛应用，只是距离汉语教学似乎还有些遥远。

随着中国国力不断增强，世界各地存在着大量分散的汉语学习需求。很多留学生来到中国学习汉语，期待的就是这种沉浸式环境——在对象国语境中学习语言。遗憾的是，不是所有想学习汉语的外国人都具备来中国留学的条件，很多人只能选择网课。但网课状态下，学习场景和生活场景在某种程度上就相互割裂了，且难以保证长时间处于良好的学习状态，这些都在无形中影响着汉语学习的效果。

认识到这一点之后，宋飞萌生了利用 VR 技术把学生拉进一个虚拟的沉浸式语言环境中开展教学的想法。他决定试试看，看能不能帮到那些想学习汉语又来不了中国的外国人，圆他们的“汉语梦”。

创新说干就干

经过调查，宋飞总结出 VR 技术在汉语教学实践中应用的四种路径，分别是：中文 VR 直播课堂、中文 VR 慕课、中文 VR 教材、中文虚拟仿真实验。他首先尝试的是搭建中文 VR 直播课堂。2017 年底，注意到消费级的全景相机开始在市面上出现，宋飞兴奋不已。因为他意识到，通过使用全景相机收录 720° 的空间实景图像信息，不仅可以实现 VR 效果，还可以大大缩减高昂的 3D 建模成本，而这将极大降低 VR 技术应用于语言教学的门槛。

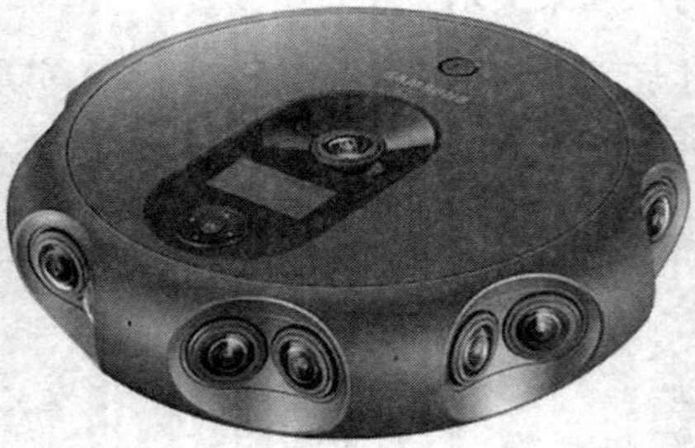

全景相机及其拍摄出的图像（拉伸为平面后）

宋飞后来申请获批的虚拟现实教学设备专利，设计思路也正是由此开始出现的。

他认为，在教育资源不均衡的情况下，VR 技术的意义不仅限于汉语教学，或许还可以实现更深、更远的价值。有朝一日，在 VR 技术的帮助下，教育资源匮乏地区的学生也能走进一流学校的课堂，这将有助于促进教育资源的再分配，实现“教育公平”。

在 VR 直播的课堂实践取得一定成果后，二外也迎来了推进慕课建设的“春风”。

宋飞立刻申请了学校 2018 年的“互联网 +”在线课程建设项目。

在项目获批后，宋飞带领团队不仅按时保质保量完成了一门常规慕课的建设并上线，还在经费有限的情况下自掏腰包同步建设了一套 VR 慕课，编写了一套配套的教材。这套教材面向汉语视听说中级课程，以在二外学习的美国学生王哲君来中国以后的学习生活为时间线，贯穿 20 个场景，选取了机场接机、探讨婚恋、共享单车、化解争论、乘坐高铁、考试报名、医院挂号、网申求职等主题，力求将新时代的真实中国展示给国际学生。

这套 VR 教材被高等教育出版社选中，顺利签订了出版合同，纳入国际中文教育领域著名的《体验汉语》系列。在扫码、佩戴 VR 眼镜观看的方式下，学习者只需将手机放入 VR 眼镜就能实现观看，获得强烈的沉浸感受和显著的互动效果。

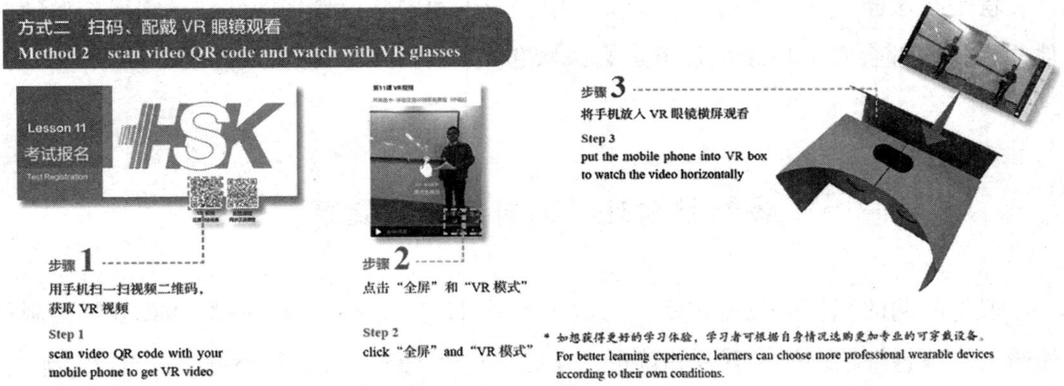

扫码、佩戴 VR 眼镜观看 VR 视频图示

对于建好的 VR 慕课，学生反响很不错，认为这种全新的形式让语言学习变得更加生动有趣，学习积极性得到增强。

“业余”团队做专业的事

宋飞曾在中科院自动化所工作，并非初涉 VR 领域，但要在经费有限的情况下组织一个业余团队“自力更生”，很多工作还是要从头开始，其中最重要的就是 VR 视频拍摄。

为顺利完成 VR 课程建设，宋飞和对此项目感兴趣的教师、研究生、留学生组成了一个 20 余人的团队。为了鼓励大家，团队定名为“汉语虚拟现实教学首创团队”，下分脚本团队、后勤团队、拍摄团队和演员团队。和常规视频拍摄不同，VR 视频的“720° 无死角拍摄”意味着“处处可穿帮”，连摄像本人都要在按下快门后迅速离开场景。而且 VR 视频不适合拼接，最好“一镜到底”，“演员”们尽管满怀热忱，但缺乏台词功底，带来了无数次的 NG，这都使得拍摄过程困难重重。

但正是这些曲折，成了日后难忘的经历。宋飞依然记得，在一个医院挂号的场景设定下，为了拍出人数众多的真实效果，团队跑到了儿童医院取景。结果设备刚架起来，就遭到了保安的驱赶，最后也没拍成，只得抱憾而归。慕课中 20 个故事场景的主人公是汉语学院汉语言专业的一位美国留学生，发音经常成为大问题，很多时候需要一句一句纠正。工作紧张的时候宋飞的家人也要“齐上阵”，替团队做好保障工作。好在经过大家的共同努力，最终圆满完成任务。

就是在这样一次一次的交流、实践中，宋飞和团队成员之间建立了深厚的感情，他几乎每次都会在完成拍摄任务后自掏腰包请大家吃饭，在欢声笑语中结束一天的工作。

高科技讲述“新时代中国故事”

宋飞前期的积累并没有白费。随着 VR 慕课建成、VR 专利获批、VR 教材出版，他的工作被越来越多的人看到和认可。在二外这个创新型大学的环境中，学校对他进一步的教学创新给予了相应支持。以 3D 建模技术实现 VR 教学资源建设的“高门槛”，逐渐摸得到了。

故事的重大契机发生在2020年初，随着新冠疫情的突然来袭，宋飞敏锐地意识到，VR 中文教学资源建设，刻不容缓。

新冠疫情发生以来的国际局势，使得中国声音和中国故事的重要性越发凸显。但受疫情和经济形势等因素影响，国际学生获得来华留学的机会受限，亟须具有沉浸式特点的仿真教学形式，满足国际学生来华留学和了解中国语言、文化、社会的迫切需求。即便个别国家的学生经过隔离，能够来华留学，受国际学生身份和语言限制，人际接触面有限，对我国政治、经济、社会的理解也难以深入。而国际学生全方位了解中国受时空限制、现实生活中受访者讲述“中国故事”的能力高下有别等问题，无一不对“新时代中国故事”的讲述和传播构成了重大挑战。VR 中文教学资源建设正可以解决这些问题。

于是宋飞把握住二外“互联网+”在线课程建设的东风，经过科学论证，向学校提交了一份《汉语视听说“新时代中国故事”虚拟仿真实验》课程建设的申请书。这份申请书最终获得立项，成为二外支持建设的第一门虚拟仿真实验课程。

虚拟仿真实验首页示意图

有了学校的支持，宋飞的工作劲头越来越足。他决心建好一个虚拟仿真课程，让学生借此在沉浸式的汉语会话场景中，不仅能够学好汉语，而且能够从政治、经济、文化、社会、生态文明等多个视角，充分理解中国主张、中国智慧、中国方案，进而深刻领会中国特色社会主义道路的理论、制度、文化优势。

目前，这个课程已经完成一期、二期的建设，其中融合了3D建模、动画、语音识别、真人虚景等技术，以《习近平讲故事》一书中“造好‘两座山’”“驴马理论”“木桶理论”“尊老为大德”“丝路上的中西交流史”五个主题为纲，以二次创作的方式，通过汉语会话向国际学生呈现了环境和经济、中国式民主、全面建设小康社会、慎终追远的传统、构建人类命运共同体五个故事，力求系统讲述“新时代中国故事”。

教学方式创新方面，这个课程赋予学生虚拟的外国记者身份，使其以第一人称视角探究当代中国社会。

故事剧情成体系，有连续性；对白设计注重以问题驱动学生思考，理论提升多采用女性视角，避免说教；话题涉及新冠疫情、全面建成小康社会等时事，时效性强；叙事注重中西对比，帮助学生认识中西异同；实验采用游戏设计的奖杯制、晋级制和全球排名制，鼓励学生多次参与，不断挑战自我；运用语音识别技术训练、检验学生口语表达能力，通过虚拟“书信”“电话”作采访报告的形式，锻炼学生写作能力，使其更好地理解故事传递出的深层含义。

在宋飞看来，将我国政治、经济、文化生活中的“硬道理”，用适合国际学生的语言程度设计到故事场景和互动环节中，使其在实验互动和汉语学习过程中，更加深刻地领会中国历史文化之“道”、中国改革发展之“道”、中国大国外交之“道”，这是国际中文教育课程思政的全新尝试。目前该实验已通过北京市一流本科课程认定，进入北京市推荐教育部第二批国家级一流本科课程名单，即将在教育部实验空间平台上线，参与“国评”。

跨学科融合

宋飞本科学习的是金融学专业，硕士跨界到了汉语言文字学专业，博士期间攻读的是语言学及应用语言学专业，如今的研究方向则是国际汉语教学和中文信息处理。谈及如此大胆的“跨界”转变，宋飞只说了两个字：兴趣。

在兴趣的驱动下，宋飞并不认为自己的学科跨度有多大，专业方向的转变是自然而然的。自己如今的研究方向——国际汉语教学和中文信息处理，通常被认为在理论和方法论上差异巨大，宋飞却认为两者本质上是相通的。“一个是‘教人学汉语’，一个是‘教计算机学汉语’，仅此而已。”在他看来，很多高新技术并不高深，相反，其原理通常是简洁而美好的。

宋飞在女儿三岁的时候，为她创作出版了国内第一套人工智能绘本。每册绘本用24句话的篇幅，为和女儿一样大的孩子们讲解了计算语言学、实验语音学、计算机视觉等人工智能的基本原理。正是这样的思维方式，成了宋飞在探求语言教学和研究技术之路上不断成长的基础。

（作者：孟磊　　指导教师：唐恩思）

11. 李星儒：带着“有趣的灵魂”，去看更大的世界

BISU 人物时光纪： 李星儒，北京第二外国语学院文化与传播学院副院长，北二外国际新闻与媒体研究中心成员，北二外全球舆情与受众研究基地成员，中央电视台体育频道节目策划顾问。在传媒现状与趋势、媒介与社会变迁等领域多次接受媒体采访，研究成果多次获市领导批示。主持研究项目有中国广告协会“十二五”发展规划研究项目《中国广告业“十二五”发展规划研究》、中国社科院重点课题《国际电视节目模式输入与本土化策略研究》等，北京市社科基金项目《北京城市“微形象”对外传播研究》获北京市委、市政府领导重要批示。入选市属高校青年拔尖人才培育计划。

“如何在目前不断变动的媒介环境之中，对外传播北京正不断提升的城市形象？”2018 年 3 月，由北京第二外国语学院李星儒老师主持完成的北京市社科基金项目《北京城市“微形象”对外传播研究》获北京市委、市政府领导重要批示。在采访中，项目负责人李星儒说，这次批示是又一次“鼓励”。

“就国际传播现状来看，有些话语权是被外国媒体所主导的。如何改变这样的现象，从原先被国外孤立的刻板的报道框架中脱离出来，是这次研究的意义。”而“城市形象研究和国家形象的媒介塑造”会成为李星儒长期的研究方向。

作为科研工作者，李星儒在学术上孜孜以求、成果丰硕，而在学术之外，她更拥有文化与传播学院“女神”的称号，像一颗闪亮的星星，过着丰富而精彩的生活。

学生口中的“星儒姐姐”

如果问上过李星儒课的同学：“你对李星儒老师的印象是什么？”你将收获如下答

案:“美！”“有趣且智慧！”“星儒姐姐，亲切！”“负责！”“女神！”

打开李星儒的朋友圈，你会看到一个邻家姐姐的日常：弹钢琴、绘画、旅行、潜水、养猫、吐槽……像小女孩一样分享着生活中的美好与琐碎的一切。这样的她，有时会与讲台上那个散发着精致感的“女神”老师有些许错位感。

“星儒姐姐是那种很难用一句话概括出来的人。”诚如同学们的评价，在“高冷女神”和“邻家姐姐”两种模式间切换自如的李星儒，既能理性地带着同学们分析新闻伦理与法规，也会每月在朋友圈里向好友发出“家中阳台日照足，沙发随便抓”的猫咪寄养邀请，或被上课时讲台上的一只气球点亮了心情。

2016年，李星儒更借着对于心理学的兴趣，自学心理学知识，成了美国催眠师协会认证成员、国家二级心理咨询师。对一切新鲜事物都感到好奇的她，在努力追求自己喜欢的生活和事物的同时，正向所有人展示着生活的另一种可能性：独立且自由地追求自己所热爱的一切。

李星儒从小就不是一个“正经”的小孩，甚至有些“叛逆”。相比坐在教室里按部就班地学习数理化，她更喜欢溜出学校，让自己泡进图书馆，或是躲到某个公园里，和一群蚂蚁“大眼瞪小眼”。

李星儒对事情总是抱有一种冷静和随缘的态度。也正是这种能够“扛躁”的性格，让她能胜任传媒行业的工作。二战高考后，李星儒考入中国传媒大学的广播电视编导专业，过上了为了剪片子随便熬大夜的“快乐生活”。并一路读研读博，成了一个媒体人。

研究生时期，李星儒在中央电视台实习。2008年四川汶川地震，她负责地震一线和北京的联系工作，整理记者们从灾区传回的一手信息。看着一份又一份被传回电视台的新闻，李星儒感到“一种深深的无力”:“面对一个大的社会事件，个人的力量太有限了。我想成为老师，引导更多的人投身到这个行业里来。”

带着为传媒界培养“后生”的愿望，博士毕业后的李星儒来到二外文化与传播学院，走上了三尺讲台。

刚刚来到二外的李星儒，关注点并不在“小而美”的校园和获得五星好评的食堂，她全部的精力都集中在一个问题上——应该怎么更好地讲课。

“初次接触传媒类学科的学生和我们这些在传媒圈摸爬滚打很多年的人感觉不一样，很多业界术语对我们来说是常识，而对他们来说都是新鲜事物。”为了解决这个问题，李星儒将课程内容的重心放在了基础知识的普及和基本功训练上。

在新闻系“音视频内容制作”这门专业课上，李星儒要求学生们在一学期内拍摄完成一部故事片、一部深度报道新闻片和一部纪录片。这是训练学生们将画面语言和影视制作自然结合起来的最好的方式，从选题、写脚本，到拍摄、后期剪辑，包含了学生在未来工作中可能遇到的几乎所有影视题材拍摄的技巧。

求学期间，李星儒与导师的关系亦师亦友，在如今的教学中，李星儒也将这样的师生关系带到了课堂上下。一次课前，李星儒发现坐在第一排的一位女生在哭，就递给了她一颗糖来安慰。这样的小细节还有很多，而李星儒亲切的“姐姐形象”也越发深入同学们的内心。

用灵魂唤醒灵魂

影视艺术赏析课上，李星儒曾给学生们播放过一部名为《俺爹俺娘》的纪录片。这部讲述作者父母的片子，以农村生活题材为背景，画面较粗糙，摄影也并不精巧。而李星儒之所以选择它作为课程的范例，是因为它“诠释了何为家庭，何为爱”。

在放映完这部纪录片后，面对教室里低低的抽泣声，李星儒自言自语道：“我也就是看了二十多遍才能忍住不在讲台上掉眼泪。”抛开技术技巧，李星儒希望学生们能尝试着不断感知人类最原始、也是最纯粹的感情，对人对事，常怀一颗同情之心。

而在上新闻伦理与法规一课时，她将近三分之一的时间用在和学生们的讨论上。通过探讨道德和伦理的起源等话题，引导学生们对社会事件和议题进行更深入的思考：“我希望通过传达我的观点，引发他们的思考。支持也好，反对也罢，重要的是思考本身。因为教育的本质，就是用一个灵魂去唤醒另一个灵魂。”

“愿你们以后可以做自己想做的事儿，爱自己想爱的人。”如今大四的同学们再度回忆起李星儒的课时，印象最深的是四年来李星儒常常对她们谈起的这句话。而这不仅仅是李星儒给学生们的祝愿赠言，也是她一直在践行的，成为一个“酷酷 girl”的秘诀。

授课之外，李星儒始终尝试着接触一切引发自己兴趣的事物。作为一个“骨灰级”的博物馆控，她在确定旅行的目的地前，往往会先确定自己想逛什么博物馆，然后以此为圆心，辐射周围大小的热门景点和特色美食。

这种充满个性的生活方式在李星儒的学生们看来，甚至比陶潜笔下的世外桃源更加美好和真实。他们觉得，星儒姐姐是一个“酷酷”的榜样。她所展现出的知性、独立、有趣且自由的特点，在向他们传达着一个信号：生命应该有一种可能性，那就是精彩地活着。

每个人一天的时间都只有 24 小时，知道自己的定位，把握自己的时间在李星儒看来是非常重要的。在信息爆炸时代，很多人的一天就是在低头看手机中流逝，沉溺于焦虑之中。这也是李星儒始终为同学们感到担心的，她说，人不能总是沉浸在外界传媒打造的舒适圈中，要跳出圈子去尝试。"只要你真正想做一件事情，总会有时间的。别说你不行，喜欢就去做。"

在很多学生眼里，李星儒是集"美丽的外表"与"丰富的灵魂"于一身的女神老师，而李星儒对于"女神"这个称号也有着自己的观点："我不觉得自己是'女神'，如果同学们觉得我是'女神'，可能是因为他们想象中我的状态是他们喜欢的样子，附带着对自己生活的期许。"

李星儒说，虽然自己并非那么完美，但如果在同学们的成长过程中需要这样一个能让学生对未来生活产生美好憧憬的角色，那她愿意扮演这个"女神"。未来，李星儒仍会在自己热爱的道路上坚定地走下去。

无论是"星儒姐姐"还是"女神老师"，李星儒一直是那颗美丽又独立的星辰。

（作者：张鑫尧、胡香赟、刘莹）

12. 刘睿基：青春是用来奋斗的

BISU 人物时光纪：刘睿基，曾担任北京第二外国语学院经济学院辅导员教师、团委副书记，现为财务处干部。2020 年 3 月，他带领 33 人组成的志愿团队，作为第一批语言翻译志愿者奔赴首都抗疫一线。作为带队教师，率领 33 人的志愿者团队，在 13 天里，累计服务时长 2703 个小时，共为来自 42 个国家和地区的 438 名外籍旅客提供了多语种翻译，处理数据文件 6200 多份，发放物资 21 000 多份。2020 年，刘睿基当选“北京青年榜样”年度人物，北京地区仅 30 名青年获此殊荣。

他是二外师生国庆游行的负责人，是甘愿为集体牺牲自我的爱国者；他是第一时间冲往抗疫一线的青年志愿者，是危难时刻的逆行者；他是良师，是益友；他是学生思想的引路人，是身边的榜样。刘睿基时刻用自己的言行书写着“青春是用来奋斗的”的座右铭，将求真务实、尽职尽责贯彻在工作中，为祖国和二外奉献着自己的力量。

从自身出发，播撒爱国情怀的种子

刘睿基作为学校工作专班的成员，带领全校 900 名师生参加了国庆 70 周年的群众游行活动。训练从七月份正式开始，但是专班的老师们从四五月份就着手进行前期准备，工作一直持续了半年之久。作为二外所在方阵的领队人之一，他主要负责开展三十六方阵第七大队的日常训练和处理训练过程中遇到的紧急情况。

为了确保全校师生每次的训练能够高效进行，专班组对每位负责人的工作进行了详细分工，形成了不同部门。由于训练方案不断调整，指挥部又要求必须在很短的时间内达到高质量的成果，为了能够及时圆满地完成训练任务，刘睿基多次利用休息时间带领着同学们进行加练。“900 人的方阵效果要出来，挑战还是挺大的。我们必须用最快的速度让同学们学会，就只能加练。”面对高强度的工作，刘睿基还主动担起了责任，他不仅经常帮助其他老师临时接管事务，还带领了分管的中队出色地完成了指挥部每次的训练要求。

这并不是刘睿基第一次参与国庆游行，在大学期间，他还参与了2009年的国庆60周年游行。但这一次以负责人的身份加入活动中，他收获了更深更广的参与度和体会。“我非常荣幸能够走在这个队伍中，走过天安门的瞬间，在全世界目光的注视下，整个人都彻底爆发了！”刘睿基每次回忆起那个时刻，都感到十分振奋。对他来说，赶上了这个时代，赶上了这两次机会是一种幸运。

坚守抗疫一线，传递中国力量

2020年3月9日晚上8点，刘睿基接到了带领二外语言翻译志愿团队奔赴新国展抗疫一线的任务。他没有丝毫犹豫就答应了，并立刻奔向抗疫一线。“新国展作为外防输入的前线，需要我们上去，那就得顶上去！我没有理由退缩。”能成为全民战疫中的一颗小小螺丝钉，跟所有抗疫一线工作者并肩作战，刘睿基深感荣幸。被祖国召唤的使命感，为抗击疫情贡献力量的自豪感，冲淡了他心中对于病毒的恐惧，他毅然肩负起这份使命。

“在新国展我们不仅是‘语言翻译官’，更是‘国家外交员’；不仅是‘首都服务员’，更是‘心灵疏导员’。”刘睿基说道。在“国门前线”的国际交流现场，志愿团队需要时时保持警醒，处处体现温情，一言一行彰显北京态度，一举一动体现中国做法。他们通过娴熟的语言、专业的服务架起中外沟通的桥梁，用付出和努力向世界传递中国的抗疫态度。在每天的工作中，刘睿基和志愿团队不仅需要面对语言不通、焦躁不安的旅客，还需要克服厚重防护服里的闷热和戴上N95口罩后的不适，细心、耐心地扮演好“心灵疏导员”的角色，用友好的笑容抚平境外旅客的焦虑。

刘睿基对志愿团队里的同学们说得最多的一句话就是“注意安全”，对他而言，自己不仅是二外抗疫队伍里面的志愿者，更是学生们的带队老师。面对来势汹汹的疫情，他必须保证所有学生的生命安全。刘睿基时时刻刻提醒大家做好防护，将自身的生命安全放在第一位。在他的带领下，团队快速建立起了各项工作机制和安全管理制度。在确保安全的前提下，大家科学排班、劳逸结合、运转高效。

注重思想教育，和学生一起成长

作为经济学院辅导员、分团委书记、兼职校团委副书记，刘睿基对辅导员的工作有着深刻的认知："我觉得'辅'是我作为学校中心工作的助手，对学生成长成才的辅助；'导'就是学生思想的引领者。我们既要辅助又要引领，最终的目的就是让每一个同学都能健康成长。"刘睿基总会将一些活动现场转化为思想政治教育的前沿阵地，把新中国成立 70 周年的游行活动作为培养爱国情怀的"成长营"，把新国展抗疫志愿活动作为提高责任担当意识的"研修班"。"如果教育也分软件硬件的话，专业知识属于硬件，而正确的三观属于软件。把软件配置得更好更高，才能让硬件发挥出更大的作用。"用身边的故事讲深刻的道理，帮助同学们更好地树立三观，成为对国家、社会有用的人才——刘睿基认为这是一件非常有意义的事，是一件培根铸魂的工作，这也正是他成为一名高校思政工作者的原因。

刘睿基的一言一行无不在潜移默化地影响着同学们，同时也获得了学生们的认可与喜爱，在课堂上他是良师，在生活中他是益友。他喜欢和同学们打交道，用心去沟通。"我经常被他们的青春活力感染，被他们年轻的思想里那种'恰同学少年，风华正茂'的豪气感染。"他十分享受这样的工作氛围和师生相处的关系，力求多共情、多倾听、多回应。他希望能够真正和同学们交朋友，与学生们共同成长。

正是因为在面对各项任务时踏实负责，真正做到了在面对学校召唤和国家需要时挺身而出，刘睿基得到了老师和学生们的高度认可和支持，他作为"志愿先锋"被评为 2020"北京青年榜样"之一。对于"榜样"一词的理解，刘睿基认为："我们就是在某一个节点，做了一件事，得到了大家的认可。"他希望能够和二外的同学们一起担起新时代青年的责任，用默默奉献诠释志愿精神，以凡人星火点亮人间大爱，榜样无声，力量无穷。

（作者：范子菁、林骏佳　　指导教师：唐恩思）

13. 武林：我永远记得她那句“小家在后”

BISU 人物时光纪：武林，北京第二外国语学院体育部教师。

作为北二外国庆游行训练队轮滑元素方队指导教师，新中国成立 70 周年群众游行第 27 方阵“体育强国”中，他和他指导的学生作为首次滑进首都中轴线上的轮滑队伍惹人瞩目，引起媒体竞相报道。

“共同守护最好的武指导”，当武林和他的未婚妻在学生的簇拥下睁开眼睛，看到翻糖蛋糕上这行漂亮的花体字时，这位以“训练严格”著称的年轻男教师不禁红了眼眶。8 月 29 日是北二外国庆游行训练队轮滑元素方队指导教师武林的生日。学生们自发组织了这场庆生会，并偷偷准备了惊喜。

“武老师是‘工作狂’，不是上课就是和我们轮滑队的学生在一起。前段时间，听说武老师为了不耽误国庆训练进度，延迟了婚期，我们担心漂亮的‘未来师母’一气之下‘不要’武老师了，就办个生日宴帮老师哄哄她。”学生们的细腻心思，武林知道却没点破，只是在学生的“哄声”中轻轻抱了抱自己的未婚妻。

2018 年 9 月，从北京体育大学运动训练专业毕业的武林来到二外，成为一名体育专业教师。自 7 月国庆训练组织工作全面启动以来，为准备国庆期间轮滑元素游行，武林被选派为第 27 方阵轮滑队指导老师。

轮滑队 43 名队员均为二外本科生。仲夏时节的北京酷热难耐，参训队员戴着不透气的护具一遍又一遍地苦练滑行技术。训练初期，由于来自不同学院、不同年级的参训队员水平参差不齐，训练以基础动作指导和增强身体素质为主。

与行走时用脚丈量地面不同，地面条件对轮滑运动影响极大。一颗小石子、一个小水坑，甚至一片树叶都会对轮滑运动员产生干扰，影响行进队形，甚至出现人身安全问题。据武林介绍，除了在多次实地合练中反复适应场地外，苦练基本功是保证参训队员安全、保障游行效果的最佳方法。

经过一个暑期的鏖战，参训队员的成长不仅表现在技术上，更体现在精神上。读书时，武林主修的专项是单排轮滑球和冰球。在团队项目中训练、比赛多年，一个团队该是什么样子，武林心里最清楚。集训期间，他有意识地将团队精神的种子播进参训同学的心里。

为配合游行整体效果，轮滑队的技术动作常有调整与更换。“参训队员多是十七八岁的孩子，没吃过苦、受过累。最初练习新动作时，抱怨的声音不少。”武林说，“随着团队的不断磨合，同学们渐渐学会了以集体优先的方式思考问题。”

踩碎的轮轴、几乎磨光的轮子、挥洒的汗水……经过烈日的洗礼和多次合练的打磨，在9月4日进行的阅兵村合练中，轮滑队所在方阵受到高度认可，队员们更得到了领导的特别表扬。回校后，参训队员、北二外亚洲学院本科生史尧昕难掩少年意气，在训练日志中写道：“被轮滑鞋磨破的脚踝上结成的小小疤痕，就是我们的勋章！”

轮滑队参训人员的快速成长离不开武林的悉心指导。对武林来说，除了感谢组织对他的信任，他还想对未婚妻说一声“谢谢”。原本，他们早已打算在今年暑期完婚。训练任务安排下达后，武林犯了难。让他没想到的是，他的未婚妻主动向他提出婚礼延期的建议。“我永远记得她那句‘小家在后’。”武林说。

离国庆越来越近，轮滑队的合练频率也越来越高。9月5日23点，武林和轮滑队的孩子们集结完毕，准时出发——川流不息的长安街如鼓动的强劲脉搏，将生生不息的青年力量注入祖国的心脏！

（作者：于珊珊）

14. 郑天仪：将爱传递　把最精彩身姿留在2019年金秋

BISU人物时光纪：郑天仪，北京第二外国语学院党委学生工作部教师。2019年，作为庆祝中华人民共和国成立70周年大会国庆游行参训教师，参加整个群众游行的压轴方阵——第36方阵的训练。

2019年10月1日在天安门广场举行庆祝中华人民共和国成立70周年大会，并举行盛大的阅兵式和群众游行、首都国庆联欢活动。国庆节群众游行是每次国庆庆典活动中最引人注目、最热烈欢快的活动。

随着暑期来临，参加国庆游行庆典的北京大中小学生陆续开始投入训练。2019年7月6日，北京第二外国语学院一千余名学生也投入了紧张、充实的训练中。

作为国庆游行活动参训教师的北京第二外国语学院教师郑天仪，幸运地参加了整个群众游行的压轴方阵——第36方阵的训练。

被推迟的婚期

2019年的暑假，炎热干爽，对于北京第二外国语学院学生处年轻教师郑天仪来说，意义非凡。他和家人早在今年1月份已经定好8月16日举办婚礼。6月底他接到暑假期间参加群众游行训练的任务，一面是终身大事——家人期盼许久的婚礼，一面是意义重大的国庆庆典游行，两者之间，郑天仪选择了与同事和学生们留守北京，一起坚守训练工作，为祖国七十华诞增添一份力。他说因为推迟婚期，他做了父母的思想工作，跟亲友也做了解释。“原定的婚期是2019年8月16日，这是当年1月定下的日期，酒店酒席提前半年已经订好了，因为国庆游行涉及保密工作，跟亲友解释时也遇到一些困难。幸运的是学生处领导对于这件事给予我很多关怀，我个人觉得结婚不能过于仓促，既然两件事情不能兼顾，不如就把个人事情放一放，把国庆游行的事情先圆满完成再去考虑。我的女朋友也非常支持我的决定。”郑天仪说。

暑假集训收获温馨祝福

2017年入职北京第二外国语学院的郑天仪，给人一种腼腆文静的大男孩的印象。经过一暑假的训练，曾经瘦高文弱的他增添了一丝健康美。他所在的训练方阵是学生队伍中第五中队92排第三路。

8月16日，他所在的队伍第一次进行进展合练。这天刚好是原定的婚期当天，天气特别好，郑天仪还跟女朋友开玩笑说，今天真是个好日子。北京第二外国语学院党委书记顾晓园、校长计金标了解到郑天仪为训练推迟婚期的情况，专门在9月2日为他和另外一位教师准备了一个温馨的庆祝活动。“我非常感动，收到队伍里很多同事的祝福和贺卡。回到家我和我女朋友仔细看了大家亲笔书写的贺卡，深切体会到来自学校和这个队伍的关怀和温暖。我女朋友很惊讶地跟我说，你的同事们都好热情好亲切。我也意识到为何二外能在众多参训单位中脱颖而出，这份由上到下的爱与关怀，才是最强大的力量。这也是让我们拧成一股绳，放下小家、成就大家的精神源泉。”

全力以赴地将爱传递

郑天仪所在的队伍是36方阵，是整个群众游行的压轴方阵。它是由北京第二外国语学院、中国传媒大学、北京舞蹈学院、朝阳区几所中学的学生和教师组成的一个方阵。这个方阵也是群众游行的最后一个方阵。“参加国庆游行，是一种实实在在的考验和磨炼，它在我的一生中是一次十分重要的经历，并将永远留下令人难忘的回忆。北京第二外国语学院的师生在合练的时候，多次被指挥部领导还有市里的领导提名表扬：二外方阵走得特别好，精神面貌也特别好，在所有参训单位里面是比较突出的。我觉得大家之间相互的关爱和付出，是一个非常重要的原因。”

郑天仪说他小时候看国庆庆典活动，对阅兵会关注多一点，看到军人走过长安街的那种飒爽英姿会有种心潮澎湃的感觉。“群众游行其实和阅兵一样，也是要走过这个长安街，然后会停留在天安门城楼前。当我知道自己加入这个队伍，我经常会憧憬一下十月一日那天的这个场景，那一定是令人激动难忘的一个场景。”

平日的训练中，虽然郑天仪会偶尔憧憬一下整个队伍行走的画面，但一开始在学校里面的训练只是学校的学生，毕竟没有经过合练，队伍没有形成一个比较大的规模，郑天仪说：“当方阵进行合练那天，整个队伍走过长安街的那种感觉就有了，一个方阵的规模也出来了，这种代入感就非常强，虽说之前很多次去想象那个场景，但真正体验时还是挺激动的。”

2019 年的盛夏，七月流火又流汗。在这个近一千人的方阵队伍中，每一个人都在尽自己最大的努力，以最高的工作热情，最强的组织纪律性，最佳的精神状态，全力以赴，全身心地投入到训练中，为祖国七十周年华诞默默贡献自己的力量。

“其实在我们的队伍里，令人感动的事迹还有太多太多。我们会将这份关爱向学生继续传递下去，把最精彩的身姿留在 2019 年的金秋。”郑天仪认真地说。

（作者：唐恩思）

15. 周婉京：希望我的课堂“沸腾着青春的热情和蓬勃的朝气”

BISU **人物时光纪**：周婉京，北京第二外国语学院日语学院教师。青年作家。香港城市大学创意媒体学院电影艺术学士，香港中文大学视觉文化研究硕士，北京大学博士，美国布朗大学哲学系访问学者。曾在香港、北京的电视台任编导，在报社任记者。2009 年起从事电影剧本创作及艺术评论。2012 年获得香港城市文学奖，同年获香港特别行政区政府才艺发展奖，2019 年获得第 45 届香港青年文学奖。曾任香港《大公报》收藏版主编，台湾《典藏 · 今艺术》特约作者，中央美术学院艺讯网特约撰稿人。著有书籍《一个人的欧洲》《清思集》《相亲者女》《隐君者女》《了不起的郝大小》等多部作品。

读完新锐“90 后”女作家周婉京的一部关于讲述相亲经历的小说《相亲者女》，被她轻快而幽默的文风所感染。小说中的“她”遇到了众多性格奇葩的男性，与男性以相亲之名探讨了诸多情感、人性、社会等现实问题。文字诙谐中带着思考，思考中夹杂着哲学的探讨，正如评论所说：“相亲这条路上奇葩无数，照亮自己，看清路人。人生不是抢年货，哄抢过后未必丰衣足食。”

就在读完这部小说的前一晚，周婉京作为北京第二外国语学院日语学院新晋教师，为 200 余名同学带来一门名为《日本现代美学》的全新公共选修课程。课堂上，她知性爽朗的讲课风格给同学们留下深刻印象。

从作家到教师：用知识滋养更多人

打开百度百科，会看到周婉京有着耀眼的求学经历与丰富的工作阅历。她本科就读于香港城市大学，香港中文大学视觉文化研究硕士毕业后，在北京大学攻读博士。曾经在美国布朗大学哲学系做过一年访问学者。其间，周婉京在香港、北京的电视台做过编导，在香港《大公报》曾任收藏版主编，同时是中央美术学院艺讯网特约撰稿人。

周婉京自2009年起从事电影剧本创作及艺术评论。大学时期曾是香港金像奖导演谭家明的学生。毕业作品为5万字长篇电影剧本《寨》，曾与团队拍摄微电影《重演》《川子》《Eveline》等。2012年获得香港城市文学奖，同年获香港特别行政区政府才艺发展奖。2019年获得第45届香港青年文学奖。她已经出版了《一个人的欧洲》《清思集》《相亲者女》《隐君者女》《了不起的郝大小》等作品，目前还有两本小说即将出版。

入职北二外之前，周婉京常以"一位游走列国的文字工作者"自称。从作家到高校教师，对她而言，是她重新解构知识的一种方式。

"教书育人让我觉得特别有成就感，能在学生身上学到一些在其他地方都学不到的东西。我以前想过做书斋型的学者或者象牙塔式的学者，但是我渐渐地发现，我学习到的知识一定要经过传播才有意义，在跟学生们交流并帮助他们排雷、避坑的同时，也帮助我更好地认识、理解这个世界。所以我重视学生们的每一个提问，因为每一个问题都很有意义。"周婉京说。

初秋的晚上，凉风习习。知行楼一层阶梯教室已经坐满选修这门课程的同学们，甚至还有一些慕名听课的学生，整个教室里被一股温暖的力量包围，洋溢着青春的气息。对于这门课程的火爆程度，周婉京直言"没想到这门课这么受欢迎"，课堂上，她以"干货满满"的讲授内容回报同学们的热情和执着。

对中日文化交流和美学颇感兴趣的旅游科学学院学生史文颖表示，日本在历史上曾多次学习中国文化，通过在网络上的了解，日本美学和中国美学不尽相同，选择周老师的课程能让自己对日本美学有深入了解。她说选择《日本现代美学》也希望能对辅修日语提供帮助。学习日语不应该仅是学习一门语言，还应该学习相关文化，日本现代美学恰恰包含日本的文化等内容。

日语学院漫画文创专业学生丁振轩说，选修这门课是因为他想了解日本的文化和文化产业，比如战后的日本人是如何在很短的时间内从之前狂热的集体主义走向多元、包容。他希望："未来能够有机会从事我国文化发展方向相关的职业，助力中国文化产业发展。"

引经据典的讲授，加之丰富多彩的影音资料，课堂氛围分外轻松活泼。对于大多数学生来说，周婉京老师的课堂让他们对日本的美学有了初步认知。日语学院学生隗立宝说：“日本的文化和美学与中国文化有相似之处，也有自己比较独特的地方。周老师对日本美学有着深入了解，对茶道和插花的讲解很细致也很专业。课程也让大家对日语学习产生了更加浓厚的兴趣。”

课后，一些带着问题的学生与周婉京老师进行了短暂交流。对于这门课程得以顺利开始，周婉京很感激学校的大力支持。她感慨地说：“人文社会科学的力量，归根结底是思想的力量，它也是让一个民族、一个国家、一个社会，能够仰望星空、眺望未来，在时代发展的大潮中‘中流击水’的本质力量。”

周婉京认为，在国家大力提倡新文科建设的背景下，新文科深刻而全方位地变革的一个突破点，就是学科之间的交叉融合。大学既要培养大学生“具有审美和人文素养”，又要以学科融合助力艺术教育自身创新发展的时代要求，推动艺术教育“真”“美”“善”的价值实现。

笔耕不断：心里永远装着故事

周婉京的最新小说《了不起的郝大小》关照了近几年话题不断的“网红”，讲述了“00”后一代人屡遭误解的网红成长记。媒体称这是周婉京女性主义小说的新作，也是她的“了不起”系列的第一部。故事讲述了两个女主人公郝大小与袁小馍从 19 岁到 20 岁的生活变化。故事随着袁小馍的回忆开始，她一直在郝大小失踪之后试图梳理两人共同经历的日子，寻找郝大小的下落。袁小馍不断想起郝大小时而亢奋时而忧郁的表现，慢慢理解了她的“出差”与处理公私事务时的极端表现……有人评价她这本书是当“下只角”平民女孩遇上“卡布里”显贵公主，当网络的“云生活”照进现实的“小确丧”。作家周大新评价说，从周婉京的第一本书《一个人的欧洲》看到《了不起的郝大小》，我看到的是一个女孩在文学道路上的个人成长，无所畏惧。

对于创作这部小说的原因，周婉京说当时她在美国布朗大学哲学系做访问学者，一个偶然的机会，她帮一位教授带了三节课，这三节课的内容讲的是关于中国网络经济。美国常青藤大学的教授、学生非常关注中国的网络经济，对中国网络经济蓬勃发展背后的深层原因抱有浓厚兴趣。“这引起了我的思索，在这样一个契机下我开始去构思、创作这部作品。创作之前，我就感觉这两个女孩儿仿佛在我心里已经住了很久。当时那段时间美国正发生严重疫情，笔下的这两个女孩好像朋友似的在身边一直陪伴着我，让我的生活充实而富有想象力。现在想想挺有意思的。”

周婉京在很多人眼中拥有“北大女博士”“艺评人”“作家”等多个标签。在选择做教师之前，她笔耕不辍，一直将视角和笔触延伸到现实生活中。她认为作家并不仅仅关注内心的精神生活，他们与日常生活同样息息相关。对于她而言，写作、评论、当媒体人等是不同的诉求，每一项都有自己的专注点。正如她 2019 年的情感小说《相亲者女》，源于她那段时间的生活状态下感受和察觉到相亲市场的有趣和冲突，因此想用文字去记录和剖析。周婉京认为，相亲中现实主义往往先于浪漫主义，很多时候经济适配问题是核心。对于相亲中存在的诸多现实问题，她也在书中以诙谐的手法表现出来。

从作家到教师，周婉京直言对这种身份的切换并没有感到跳脱感，反而给她带来更多的新鲜感和挑战性。作为教师的她乐在“传道、授业、解惑”中，她期望通过与学生们的交流，帮助学生们和自己心灵上达成双向成长。

刚刚过去的暑假，周婉京参加了学校赴成都西南交通大学开展的为期六天的师德师风培养与党史学习教育活动。这次成都之行，也让她颇感“收获满满”，学习和交流到“为人师”的技能技巧，走过的一些地方让她身心受到从未有过的感动。周婉京说她会将此行的感受传递给更多的学生：“希望我的课堂‘沸腾着青春的热情和蓬勃的朝气’”。

（作者：唐恩思）

后　记

秋日暖阳下，北京第二外国语学院的校园显得愈加温馨，夏日的最后一抹芬芳随风飘荡在校园四处。在学校党委、宣传部门领导的大力支持和鼓励下，经过一夏天的梳理和忙碌的写作，这本汇聚了学校部分优秀教师事迹的采访集《翔宇群英　乘风而行》终于问世。

一直以来，二外优秀教师的忙碌身影活跃于校园内外。走近他们，倾听他们的故事，一直是我和学生们最乐于做的事情。他们对于教育、教学事业的热情专注，他们对学生的教诲、关爱，令人印象深刻。他们说做老师最大的认可来自学生，他们致力于给学生最鲜活的课堂，他们在与学生交流中始终做有耐心的“倾听者”，他们鼓励学生在课余读写“无用”的书，他们用智慧和坚毅帮助学生迈向真正的十八岁，他们鼓励青年人要敢于向世界发声，他们坚持“教师要始终保持传道解惑的初心”，他们说从一茬又一茬的学生们的成长、成熟、成功中获得超越自我生命的快乐，他们“一路狂奔，做更好的自己”，因为他们坚信“坚持做下去，到了一定火候就会有成果”。

他们是与祖国共奋进，成为走在时代前列的奋进者、开拓者、奉献者，在服务国家战略和首都经济社会发展的生动实践中彰显着“二外力量”。从他们身上，看到了新时代“二外人”的青春担当，看到了“后浪”奔涌的自信自强。他们以各自领域发光发热的故事为奋斗做了最好的注脚。与这些可亲可爱的教师面对面时，我和学生时常被他们身上执着教学、潜心科研、关爱学生的精神和家国情怀所感动。

本部汇编从前期策划到最终定稿得到了学校党委的大力支持。在编写过程中，党委宣传部领导给予了关怀和指导。书中绝大多数的采访文章来自在职的中青年教师骨干。一篇文章记录着一位优秀教师的骄人荣誉与先进教学科研事迹。在文章的开头会以“BISU 人物时光纪”的形式简要介绍入选老师的基本情况，以方便读者更加快速地了解老师。小标题的添加和图文并茂的形式也使得全文更便于阅读与理解。

在本书出版之际，我对参与此次编写的党委宣传部的师生和翔宇东方新闻社要闻采编部的学生记者们致以诚挚的问候与感谢，同时要向热忱关怀和支持本书出版的旅游教育出版社的同人表示最衷心的谢意。

校园里教师们匆忙的身影，是他们奋斗在教学、科研一线的美丽风景；三尺讲台上，他们享受着教师这个神圣的职业给他们带来的荣光和乐趣，他们的故事在将来仍旧会不断被续写，被歌颂。本书如有遗漏，还望师生们给予理解。未来，我们将更加努力深入挖掘更多优秀教师的故事，与更多人分享。

漫漫征途，唯有奋斗。学校的新航程业已开启。二外的未来，是每一个人的星辰大海，是每一个人的温暖所在。年复一年，梧桐树绿，海棠花开，那树下、花旁，“二外人”的奋斗故事还在继续着……

编者

2022 年 1 月 1 日